RELIGIÃO TAMBÉM SE APRENDE 11

Pe. HÉLIO DE PESSATO LIBARDI, C.Ss.R.

RELIGIÃO TAMBÉM SE APRENDE

11

EDITORA SANTUÁRIO
Aparecida-SP

Coordenação Editorial: Elizabeth dos Santos Reis
Copidesque: Ana Lúcia de Castro Leite
Revisão: Elizabeth dos Santos Reis
Diagramação: Juliano de Sousa Cervelin
Capa: Marco Antônio Santos Reis

Dados Internacionais de Catalogação na Publicação (CIP)
(Câmara Brasileira do Livro, SP, Brasil)

Libardi, Helio de Pessato
Religião também se aprende / Hélio de Pessato Libardi. — Aparecida, SP: Editora Santuário, 2004. (Coleção Religião também se aprende, 11)

ISBN 85-7200-920-5

1. Bíblia – Ensinamento 2. Bíblia - Estudo e ensino 3. Perguntas e respostas I. Título. II Série

00-4388 CDD-220.076

Índices para catálogo sistemático:

1. Bíblia: Estudo: Perguntas e respostas 220.076
2. Perguntas e respostas: Bíblia: Estudo: 220.076

Composição, impressão e acabamento:
EDITORA SANTUÁRIO - Rua Padre Claro Monteiro, 342
Fone: (12) 3104-2000 — 12570-000 — Aparecida-SP.

Ano: 2009 2008
Edição: **10 9 8 7 6 5 4 3 2**

Apresentando

Quero repartir com todos as minhas reflexões sobre alguns pontos que rodopiam na cabeça de muitas pessoas. São reflexões minhas, com base em autores bem conceituados, que não cito para fugir do estilo acadêmico e para deixar todos bem à vontade para fazer suas próprias reflexões. Não sou o dono da verdade e nem possuo com exclusividade a presença do Espírito Santo. Mas vamos ler e juntos fazer uma caminhada que certamente os ajudará a repensar conceitos para reorganizar sua vida e vivê-la com mais alegria. Com carinho por todos ...

Pe. Hélio Libardi, C.Ss.R.

Bíblia

1. Os castigos de Deus na Bíblia

Há algumas descrições bíblicas que parecem contradizer o que Jesus revelou sobre Deus na imagem do bom pastor que parte à procura da ovelha perdida e, achando, coloca-a sobre os ombros e a reconduz ao rebanho.

Inúmeros textos predizem o julgamento condenatório aos que fazem oposição a Deus ou à vontade de Deus, condenando-os ao fogo (Mt 7,19; 13,42-50; Mc 9,43-48; Jo 15,6). Outras vezes a pessoa é condenada com a expulsão para as trevas (Mt 25,30; 8,12; 22,13). Ameaças com a destruição de Jerusalém (Mc 12,9; Mt 22,7; Lc 13,3; 19,27). Ameaças às cidades que não aceitaram Jesus (Mt 11,22-24; Lc 10,12-14). Em outros textos, a separação definitiva (Mt 7,23; 25,12; Lc 13,25) e outras formas de castigo (Mt 18,34ss; 22,44).

Aqui nesses textos entra a linguagem simbólica. Para interpretá-los, precisamos distinguir as formulações usadas pelos escritores e a mensagem que querem transmitir. Tudo vai depender de entender o que era próprio daquela época. Não se pode confundir a mensagem com o conceito da época, o gênero de linguagem usado e a cultura do tempo.

As diversas mensagens de castigos que parecem contradizer o conceito do Deus ABBÁ querem transmitir o seguinte conteúdo: "a pessoa humana, ou o povo que rejeita a mensagem de vida, se condena ao fracasso em sua existência, nunca vai ser feliz". Veja como Marcos (9,43-49) aplica o conceito de fogo destruidor ou a imagem da geena para mostrar a destruição do discípulo que se deixa arrastar pelas ambições.

Dizer que Deus castiga ou rejeita é falar de Deus de uma maneira arcaica que continua o modo de falar do Antigo Testamento.

A tendência primitiva era de atribuir a Deus tudo o que acontece com a pessoa humana e com o mundo, quando na verdade o atribuído a Deus é apenas uma conseqüência histórica da infidelidade do povo ou de seus dirigentes (Mc 13,14-23).

Esse modo arcaico de falar, encontramos em Paulo mencionando a vingança, a ira de Deus (Rm 12,15; Rm 14,10ss). O conceito do juízo divino a respeito das ações humanas (Mt 11,22; 12,36; Mc 12,40; Lc 10,12) é a maneira teológica de formular a responsabilidade da pessoa humana por seus próprios atos e escolhas (Jo 3,18), de tal forma que a sentença final na categoria de "juízo final" é o resultado da escolha feita pelos atos humanos.

Hoje continuamos com o mesmo linguajar arcaico sobre os problemas do mundo e das pessoas. Dessa forma fica fácil dizer que Deus é o culpado de tudo em vez de analisarmos as causas e verificarmos as conseqüências do que já foi feito. As ciências ajudam-nos a descobrir a raiz do mal de tal forma que podemos perceber a dimensão do bem ou do mal que fizemos, encontrando nossa responsabilidade no fazer ou no omitir.

2. São Paulo era um antifeminista?

Há de fato algumas passagens nos escritos de Paulo ou pelo menos estão no nome dele, que podem sugerir um antifeminismo e isso pode fazer com que Paulo perca um pouco de crédito diante das mulheres. É o caso do véu e dos cabelos para as mulheres (1Cor 11,2-15), de as mulheres serem submissas a seus maridos (1Cor 11,9), a salvação das mulheres pela maternidade (1Tm 2,15).

Esses textos todos precisam ser interpretados tendo em conta o contexto e a situação histórica. Paulo se atém à sensibilidade de seu tempo e em nenhum desses textos ele diz que se trata de uma verdade revelada; apenas apresenta-os para orientar nos conflitos que aconteciam no momento na comunidade, aquilo que era costume vigente (1Cor 11,16) ou tradições (1Cor 11,2).

Pelo teor de suas cartas, vemos que Paulo apreciava muito o trabalho dos leigos e das mulheres. Temos de estar por dentro da situação e perceber que se criavam conflitos até mesmo aproveitando a chance de pregar o Evangelho e podemos perceber que as mulheres aproveitavam para contradizer os costumes da época sobrepondo-se aos homens, o que era então inconcebível. Ele deixa bem claro que se trata de costumes e tradições existentes (1Cor 11,2; 11,16).

Também é certo que Paulo não diz da relação de igualdade entre homens e mulheres tal como temos hoje e sem dúvida ajudou a promover as mulheres nas primeiras comunidades, mas dentro do contexto em que viviam.

Não se conclui que tenha dito que as mulheres só se salvariam pela maternidade (1Tm 2,15), pois temos textos paulinos que recomendam com entusiasmo a virgindade para quem recebeu de Deus essa vocação (1Cor).

Se por um lado alguns dizem que Paulo disse coisas, sob influência de seu ambiente, pouco favoráveis às mulheres; por outro lado há aqueles que mostram muitas razões para que as mulheres lhe sejam agradecidas.

Por esses textos ninguém pode afirmar a superioridade do homem. Se há os que o fazem, é por um erro de leitura ou interpretação literal de textos paulinos. Não é difícil perceber quando se trata de uma tradição ou costume que só o tempo pode desfazer. Não se pode exigir que o texto sagrado se dispa de sua cultura e de seu contexto histórico. Ele nos passa a revelação vestida de cores de seu tempo; a nós compete separar o que é verdade revelada e o que é do contexto e do tempo.

Temos de nos conscientizar de que Deus não se preocupa em

satisfazer nossas curiosidades e em responder nossas perguntas. Ele nos revela o necessário para a salvação. O que hoje pode ser formalidade, no tempo dele era importante e devia ser observado, por não ser hora de romper com o judaísmo. Quem deve discernir somos nós.

3. Ler a Bíblia faz bem a todos?

Os erros de interpretação da Bíblia, os abusos nascidos da leitura desprevenida fizeram que a Bíblia não circulasse nas mãos do povo católico. Nem tudo é culpa da Igreja, basta lembrar também da dificuldade que havia em obter cópias da Bíblia, da falta de condições de divulgação. Hoje, com a imprensa, ficou fácil a multiplicação dos livros sagrados.

Outra pergunta que surge: É uma leitura útil para todos? Se tomarmos pelo lado da inspiração, temos de dizer que é uma leitura necessária para a formação de todos. Por outro lado devemos reconhecer a dificuldade em descobrir a mensagem de alguns textos, pois eles dependem do contexto, das circunstâncias e do modo de linguagem da época em que foram escritos.

Hoje, a Igreja recomenda a leitura da Bíblia, mesmo reconhecendo a dificuldade para sua compreensão e interpretação. Pensamos que o contato com os livros sagrados facilita o entendimento quando ouvirem alguma explicação. Hoje também há uma boa quantidade de cursos bíblicos e livros que nos ajudam a descobrir os valores e mensagens que a Bíblia traz.

Perigos de erros e falsas interpretações sempre existiram, e geraram problemas e divisões na Igreja; mesmo assim não podemos ter receio de colocar a Bíblia nas mãos do povo e de recomendar sua leitura. E pelas dificuldades que aparecem não podemos dizer que sua leitura seja prejudicial. Há fatos e narrações que levantam questões e provocam certa descrença, mas isso se resolve com um guia de leitura bíblica que oriente sobre as figuras de linguagem, expressões próprias da época, contexto histórico-social-religioso em que foram escritos.

Quem toma os livros do Antigo Testamento tem de saber que foram escritos para um povo específico, há muito tempo, e que foram formando e acompanhando a história desse povo e a revelação lenta e progressiva da mensagem de Deus.

Quem toma os livros do Novo Testamento precisa lembrar-se que os primeiros escritos só aparecem por volta do ano 65 depois de Cristo. Tudo passou pela leitura que a Comunidade fez de Jesus após sua ressurreição, a lembrança que tiveram anos depois.

Para uma correta leitura da Bíblia tem de ter um coração aberto, um desejo sincero de busca de Deus e uma procura cuidadosa como o garimpeiro tem cuidado na procura do diamante. A Palavra de Deus santifica, instrui e transforma, por isso sempre será útil.

4. A Bíblia é inspirada? Que dizer?

Ao ler a Bíblia, principalmente o Antigo Testamento, verificamos fatos e acontecimentos pouco edificantes que fazem as pessoas se perguntarem sobre a tal inspiração do Espírito Santo, pois não entendem como matanças e outros fatos pouco recomendáveis estejam na Bíblia.

Quando falamos de inspiração não estamos afirmando que Deus fez um ditado mecânico ao hagiógrafo que às vezes nem teria entendido o que estava escrevendo.

A inspiração de Deus não dispensa a compreensão e a participação do autor bíblico na redação do texto. Ela supõe que o autor conheça as verdades. Assim sendo dizemos que a inspiração é a iluminação da mente da pessoa que escreve para que possa transmitir a mensagem de acordo com o pensamento e revelação de Deus. Tudo isso, porém, vai passar pela cultura religiosa, pelo modo de falar do tempo, pelo contexto histórico em que o povo vive. O autor vai expressar a mensagem de Deus com sua maneira de falar, com suas figuras de linguagem, modo, conceitos que lhe são próprios. Deus não dispensa a atividade humana e o esforço do hagiógrafo.

Os livros da Bíblia em geral são produtos da tradição oral que conservou, por assistência divina, a mensagem através de muitos anos, até o momento em que alguém também levado pelo Espírito redigiu e nos legou por escrito. Temos de pensar que naquele tempo não havia a facilidade que existe hoje para transmitir uma mensagem. Esses textos pouco edificantes que aparecem ao lado de páginas belíssimas fazem parte da linguagem e compreensão da época e aparecem narrados pelo autor sagrado para mostrar as oscilações na fé pelas quais o povo judeu passou ou por não serem narrativas chocantes para a época.

Nem toda a vigilância de Deus impediu que Paulo continuasse com mentalidade judaica quando repreendeu as mulheres por não usarem o véu e cobrou a submissão habitual ao marido.

O milagre que confirma a inspiração divina das Escrituras está no ter conservado intacta a mensagem através de tantas gerações por via oral até chegar ao hagiógrafo.

Hoje lemos a Bíblia colhendo as diversas reflexões da fé engajadas pela memória histórica sem nos preocuparmos com as normas de uma historiografia moderna e sem discutir se o fato existiu ou não. O que interessa é a mensagem que Deus quis conservar e transmitir. Sabemos colher no meio de tantas peculiaridades a mensagem pura que Deus revelou a seu povo.

5. A esposa pertence ao marido?

É uma mentalidade já superada pensar, agir e dizer que o marido manda na mulher. Isso foi produto de uma subcultura que hoje faz parte do dicionário de homens grosseiros, ignorantes e machistas.

A pessoa que pensa não precisa de outros argumentos para descobrir na mulher a companheira com a qual poderá construir uma vida feliz. E sabe também que o casamento é vida em comunhão. Pensando se descobre que não há nada que justifique essa atitude de posse no casamento, nem de um lado, nem de outro.

Mas há o caso dos que não pensam, dos que querem manter a esposa sob o medo para fazer o que querem. Para esses não adiantam argumentos, pois não refletem e agem pelo instinto e não por um raciocínio. Por isso é melhor levá-los a uma Delegacia da Mulher, nesse lugar vão ter de entender que a mulher não é objeto e tem seus direitos em igualdade com o homem. E boba é a mulher que não fizer isso. Esses homens precisam aprender que eles não são a norma de agir, mas que existe uma ordem nas coisas. Com outros até podemos refletir, porque temos a certeza que saberão modificar suas opiniões.

Hoje, mais que antes, estamos em condições de entender que a mulher tem a mesma dignidade que o homem, por isso tem de ser tratada com respeito.

Como aqui falamos de esposa, isso nos lembra a Bíblia, ela é companheira com quem se faz comunhão visando tornar-se com ela uma só carne, um só coração e uma só alma. Lembramos ainda os textos que colocam a necessidade de amar sua esposa como Cristo amou sua Igreja.

Se não bastassem esses argumentos, olhemos a grande transformação na sociedade, onde a mulher é convocada para exercer funções especiais com a mesma ou com mais eficiência que os homens. E o que dizer de mulheres que possuem uma remuneração mais elevada que o marido?

Sabemos que há mulheres problemáticas que fazem da vida do esposo e da família um verdadeiro inferno, mas casos não justificam afirmações e atitudes machistas generalizadas. Elas precisam ser tratadas como doentes e desequilibradas.

O que falta aos homens, em sua grande maioria, é uma educação para compreenderem as diferenças de gênero; educação para uma sensibilidade maior, sem falar de uma religiosidade educativa para a vida, para o respeito mútuo, para a valorização da companheira.

Falta também uma vida partilhada, onde as dores e alegrias são vividas e analisadas em comum.

A violência é a linguagem dos fracos, mas é uma linguagem que se aprende dentro da família. Uma educação respeitosa pode mudar o rumo desse comportamento, se é que consigamos superar a deformação veiculada pela televisão e pela própria sociedade leiga e pretensamente atéia.

Bioética

6. Bioética: uma novidade?

Fala-se muito sobre a qualidade de vida como objeto do consumismo desenfreado. Quando falamos de qualidade de vida, queremos dizer do sustentar a vida com tudo o que a torna digna, como afetos nas relações humanas, saúde, formação em todas as dimensões dos seres humanos.

Com a definição mal desenhada, pois a Bioética é uma ciência ainda nova e sem unanimidade de opiniões, ela tenta enfrentar os desafios que questionam áreas fundamentais. É a ciência que deve ajudar o ser humano em seu processo de humanização.

Mais que responder a questões e orientar o processo que vai do nascer ao morrer, a Bioética quer mostrar a todos a beleza da vida, o dom que é viver. Vai exigir de nós cuidado com a vida e nos descobre o jeito de ser feliz por inteiro, supõe o respeito ao todo e exclui o egoísmo que concentra o cuidado apenas em si mesmo.

Ela, ocupando-se do percurso que se faz do nascer ao morrer, orienta questões básicas como engenharia genética, o respeito ao ser humano nos primeiros dias de vida, o uso de célula-tronco para a formação de novos tecidos para a reposição de órgãos, transplantes, qualidade de vida, prolongamento da vida via meios extraordinários. Ela abrange toda a preocupação com a vida não só dos seres humanos, mas de todos os seres numa visão global da criação.

Uma pergunta surge nesse meio: Podemos falar de Bioética sem levar em consideração a Ética Cristã?

É dispensando a ética cristã que somos colocados diante de realidades cruéis como o aborto, a manipulação genética, a venda de órgãos, os tratamentos caros que prolongam a vida sem respeito ao direito de morrer com dignidade e o direito de ter pelo menos o mínimo para se poder dizer que se vive com dignidade. O que mais impressiona é perceber como a vida dos outros vale tão pouco face à ganância pelo dinheiro, pelo poder e pelo prazer.

A comunidade humana, levada pelo desenvolvimento da ciência e da tecnologia, coloca a vida como se Deus não existisse, não com a conquista da felicidade, mas com a proliferação de muitos infernos aqui na terra. Assim somos vítimas dos fenômenos infernais como os extermínios da guerra, como os experimentos humanos (uma bomba com efeito retardado e desconhecido), como a ganância geradora da exploração desenfreada das riquezas da terra.

Aquilo que é uma bênção transforma-se em desgraça. Gostaríamos de ver a Bioética em caminhos diferentes, mesmo estando em mãos humanas e apesar de estar em mãos humanas.

Comportamento

7. "Dize-me com quem andas..."

É bem acertado o ditado: "Dize-me com quem andas e te direi quem és"; pois a companhia identifica, forma ou deforma as pessoas.

A identificação é o item mais forte num processo de aproximação. Há identificação no nível psicológico, afetivo, temperamental, cultural, religioso etc... Por esses caminhos nos identificamos com pessoas e podemos construir uma vida sadia, em que um ajuda o outro em seu crescimento, nas descobertas de valores, na organização e no gerenciamento da própria vida.

Por isso dizemos que a companhia forma as pessoas, pois assimilamos valores éticos e morais que percebemos válidos nos outros. Aqui está o grande valor educativo da fraternidade.

Um colega também dizia o contrário: "os feridentos atraem feridentos". Essa é uma verdade para psicólogos estudarem a fundo. É impressionante como os problemáticos se acham, se atraem e se identificam com extrema facilidade. Numa comunidade esse fator é o que aglomera pessoas descontentes e insatisfeitas. É uma outra escola que impede o crescimento das pessoas.

Nessa categoria entram os descontentes, os que têm manias, os viciados, os mal-comportados, os baderneiros e outros.

Não somos perfeitos, mas temos de procurar sempre a companhia de pessoas que tenham conteúdo e boa vivência e que nos ajudem a crescer na vida. Isso não significa que devamos excluir as pessoas difíceis; temos de saber acolhê-las se tivermos capacidade de ajudá-las. Quantas pessoas, motivadas pelo desejo de ajudar colegas, se afundaram no vício e acabaram perdendo a própria dignidade. Jesus disse: "Um cego guiando outro cego, ambos cairão no buraco".

Temos de reconhecer os limites e nossa capacidade; caso contrário, em vez de ajudar, estaremos atrapalhando e tirando o lugar de outros que possuem mais capacidade de ajuda do que nós.

A pessoa que quer melhorar tem de procurar ambiente e pessoas que favoreçam sua transformação. Essa transformação nasce da percepção de que tudo pode ser diferente. Isso vai gerar o interesse de procurar ajuda de quem seja capaz de acompanhá-la.

Sem excluir, sem desvalorizar e sem condenar, na observação diária, notamos que, embora o hábito não faça o monge, a companhia revela a pessoa, sua identidade, sua capacidade, seus valores éticos e morais, seu horizonte e sua prática de vida, pois continua sendo verdade o ditado: "Dize-me com quem andas e te direi quem és".

8. "E se a moda pega..."

Temos de admirar sempre a sabedoria dos provérbios que representam a experiência milenar de erros e acertos. Quando falamos "nem tanto ao mar, nem tanto à terra" estamos tentando mostrar que a busca do equilíbrio é o caminho mais razoável para se percorrer qualquer situação.

Há aqueles que preferem o risco e colocam em risco não só a si mesmos, como a família, os amigos, o trabalho etc... Às vezes dá certo, o que não justifica e nem desqualifica o ditado: "Nem tanto ao mar, nem tanto à terra".

O difícil mesmo é descobrir o fiel da balança, o equilíbrio no pensar valores, no agir. Esse equilíbrio precisa ser buscado, faz parte de quem vive e trabalha tendo sua identidade, sabe por que faz as coisas e sabe aonde quer chegar.

Buscar esse equilíbrio não significa viver como um esquisitão anacrônico e misantropo, mas às vezes implica em ser diferente. E ser diferente não é erro.

Temos de olhar ao redor para não nos isolarmos do mundo e deixarmos de ser solidários no campo da criatividade sustentável. Por outro lado, não podemos patrocinar criações destemperadas e ridículas, apenas para estar na moda. Não podemos impressionar-nos com o que está na moda e, por isso, andar e ser ridículos e esquisitos sem perceber que aquilo não cabe para nós e estamos entrando em conversas de quem não possui o equilíbrio suficiente para discernir as coisas. Aqui temos de seguir o conselho do sábio que diz: "Ver tudo, avaliar e segurar o que for conveniente".

Esse equilíbrio só alcança aquele que tem identidade e não renuncia a ela para ser "Maria-vai-com-as-outras" só para ser moderno ou porque está na moda.

Sua identidade diz quem é você, o que você quer e aonde você quer chegar, avaliando sempre os meios dentro de um padrão ético, moral e religioso.

É realmente deprimente a pessoa que se esquece de sua idade, sua posição e funções sociais para simplesmente aderir à moda. Nivelar nunca foi o caminho educativo e construtivo. Já vi a reação de moradores de favela, quando padres e freiras quiseram morar no meio deles. Eles diziam: "Nós queremos sair daqui e vocês estão vindo para cá?" Aqui havia uma ideologia, mas não um caminho.

Imagine um juiz de direito com sua toga e com "caminhos de rato" nos cabelos! No misturar tudo, o ético e o moral acabam caindo juntos. Vi uma mãe de família, juntamente com os filhos, com sorvetes dentro da Basílica em Aparecida.

Se "a moda pega", vamos ter de ressuscitar William Shakespeare que dizia: "O que era certo hoje é louco, e o que era louco hoje é certo".

9. Dar à criança tudo o que ela quer...

Ter filhos hoje está apavorando muita gente. O problema vai desde a gravidez até o longo processo educativo. Por causa das dificuldades surgem até aqueles que preferem ter animais de estimação a possíveis filhos.

De fato ter filhos apenas por ter não é um bom caminho. Filhos nascem como fruto do amor e da responsabilidade dos pais. Quem não tem capacidade é melhor não os ter.

Um erro comum nos pais modernos é querer dar tudo o que o filho quer. Desde pequenino é rodeado de um mundo gracioso de presentes e, quando maiores, continuam sendo comprados por meio de novos presentes. Os pais ignoram que esse é o pior caminho para educar alguém.

Esses filhos crescem egoístas, achando-se o centro de tudo, e vão escravizar os pais para o resto da vida. Serão pessoas que não vão perceber nada além de seu umbigo. O mundo tem de ser como eles querem, pois sempre foi assim. Não se criou neles o senso dos valores, da dimensão social do comportamento, da fraternidade; estarão como sempre viveram, pensando que devem ganhar tudo e que só eles têm direitos.

Esses filhos viveram um mundo irreal, que não existe fora, por isso têm dificuldades em se sociabilizar, em se relacionar com as pessoas e com o mundo real fora da casa deles. Mas a vida é mestra, quando "desmamarem dos pais", vão pagar e nós todos vamos pagar também o preço social dessas mordomias.

Na verdade as explicações só podem estar na incapacidade dos pais de educarem esses filhos nos valores básicos de uma vida digna e em sociedade. Não deram os valores porque não os possuíam. Isso até sem maldade, pois ninguém pode dar o que não tem.

Há pais que preferem dar de tudo para os filhos porque assim tranqüilizam a própria consciência, diante dos problemas que enfrentam no relacionamento marido-mulher e no lar. Não conseguiram criar um ambiente sadio e cheio de amor, então dão aos filhos o que eles pedem e mesmo o que não pedem. Assim, mais tarde, os filhos não poderão reclamar, pois tiveram de tudo.

Esses pais dão de tudo para os filhos, procurando compensar o que não tiveram. Se são frustrados por não saberem lidar com suas carências, não querem que os filhos passem por aquilo que passaram.

Aqueles pais que trabalham e se ausentam necessariamente do lar também dão de tudo para os filhos, para compensarem a ausência e a falta de convívio com eles.

Como seria melhor, embora custoso, se os pais tivessem o hábito de se sentar com os filhos para mostrar-lhes os valores, a realidade da vida, introduzindo-os num processo educativo para perceberem que "nem tudo o que é lícito e possível é convenientemente necessário".

10. Aprender com os outros. Um bom caminho

Um velho adágio dizia: "Errando, aprendemos..." O erro pode ser uma excelente escola para aquele que consegue ver e analisar seu próprio erro e o erro dos outros.

Não é só o erro que ensina. No mundo atual, podemos perceber valores nos acontecimentos, pois a vida é uma mestra e podemos aproveitar todas as lições que ela nos passa dia a dia.

A humanidade não começou a existir ontem; a história está cheia de lições boas e ruins e feliz é quem consegue descobrir pela análise esses valores. Com essa bagagem podemos formar nosso substrato cultural, religioso, político e social.

Lamentavelmente há aqueles que pensam que são os únicos, que tudo sabem e não precisam de ninguém, sua opinião é o definitivo. Não necessitam da experiência de ninguém, não se interessam pelos caminhos já trilhados por outros e não aceitam os valores mais elementares da relação humana. Que nome poderíamos dar a essas pessoas?

É mais feliz quem inteligentemente percebe a idade do mundo, sabe seu próprio tamanho, por isso aproveita a experiência, a sabedoria, o bom senso, os valores que outros tiveram. E mesmo nos erros é possível descobrir a face positiva das situações.

No campo da ciência temos de aceitar o progresso já feito, os caminhos já andados, porque a ciência se impõe matematicamente. Mas no campo dos valores éticos, morais e religiosos, cada um se acha suficiente para elaborar seu próprio código de normas e a relação de valores. Daí nascem os conflitos em que se vive hoje. Essas pessoas não percebem que elas vieram e, como tantas, também vão passar e não são elas que vão ditar normas para a vida do mundo e no mundo. Algumas pessoas existem e existiram, são e foram uma verdadeira bênção para todos, mas algumas são mesmo uma verdadeira desgraça.

Às vezes penso como seria bom se pudéssemos encontrar essas pessoas já na velhice para um bom bate-papo. Será que tiveram capacidade de se transformar ou de perceber como foram ridículas achando-se o "umbigo" do mundo? Será que foram felizes ou simplesmente foram esquisitos e infelizes. O caso é que a história se repete, mudando-se apenas as roupagens.

É muito mais eficiente quem é humilde e aproveita as experiências dos outros para construir sua vida. Certamente vai deixar-nos um rastro luminoso e novas pistas para vivermos também a nossa vida com mais acerto e com mais felicidade. Esse sempre terá o que nos dizer e o que diz possui um valor inestimável.

Mais que os livros, a vida é mestra e nos ensina a não nos repetirmos nos erros dos outros e a não percorrermos caminhos inviáveis. Podemos ser originais, mas não cretinos.

11. Mandar os filhos à Missa?

Todos os sacramentos da Igreja exigem certo grau de conhecimento e consciência do que se faz e por que se faz. Condicionar a salvação à pura participação ou à simples presença em algum sacramento é um dos mais radicais legalismos.

O caminho certo seria a consciente participação nos sacramentos, mas infelizmente não se consegue evangelizar nosso povo de maneira que isso seja um procedimento desejável e normal. Quem trabalha na evangelização e na coordenação de comunidades tem de aceitar os diversos níveis de participação, os diversos níveis de consciência de Igreja.

Aceitar as limitações que são reais é saber acolher e acolher também é evangelizar. Temos de acreditar que participando se aprende. Não temos o direito de nos fecharmos num rigorismo, pois há pessoas de boa vontade, mas sem formação.

Mas em tudo, a participação tem de ser um ato livre. Não se pode obrigar um adulto a assumir o que ele não entendeu. Podemos convidar, insistir, criar situações que facilitem a participação, mas resposta a Deus dada por meio da participação tem de ser um ato de amor.

Assim é como vemos a questão dos pais mandarem os filhos à missa. Enquanto são crianças o procedimento é o mesmo que se tem em relação a ir ao médico, à escola, à comida; os pais decidem pelos filhos, escolhem o melhor. Quando os filhos se tornam adultos, eles devem decidir, assumir, baseados naquilo que receberam de formação. Tudo vai depender da formação dada e do exemplo que receberam. Eles devem escolher o caminho confirmando ou não a opção feita pelos pais em seu lugar. Quando foi dada a formação necessária, não há necessidade de ficar martelando a cabeça dos filhos, porque quanto mais se fala, mais reações adversas eles criam.

Os pais devem acreditar na formação que deram e no exemplo de vida e de convicções religiosas que transmitiram e viveram na família. Preocupação deve existir na cabeça de quem não deu formação e muito menos o bom exemplo.

Outra coisa que os pais devem perceber é que, na medida em que os filhos se tornam adultos, sua função paterna e materna não é mais a de decidir, mas simplesmente a de aconselhar. E conselho não é para se dar a toda a hora e de forma que crie conflitos. Se os filhos adultos assumem ou não, o problema já é deles e não dos pais. Há uma dificuldade em aceitar e perceber que os filhos se tornaram adultos. Os pais devem, nesse caso, conservar o carinho e tentar levar os filhos para o bom caminho por meio de suas orações, passando-lhes lembretes, conselhos, mas com respeito a sua própria caminhada. Nada melhor que o exemplo vindo de casa desde pequeno. Consertar depois é milagre.

12. Construir ou destruir. O que é melhor?

Parece que há um instinto inato em cada pessoa que a leva a destruir. Há alguns prazeres que nos lembram os tempos de criança: atear fogo, destruir casa de abelhas, matar passarinhos, atirar pedras nos telhados. Hoje mais modernos: destruir telefones públicos, quebrar coisas em festas, danificar árvores em passeios públicos etc.

Esse instinto sem dúvida cresce dentro de nós na proporção em que nos desenvolvemos e com manifestações funestas, como as brigas em estádios de futebol, as arruaças em festas, os quebra-quebras nas greves.

Se procurarmos mais, vamos encontrar ramificações desse instinto no gosto de falar mal dos outros, nas difamações, no descuido com o bem comum.

Não podemos pensar que isso seja normal em quem tem a mente equilibrada. Por outro lado, jogar pesado em cima de nossos instintos também não é o caminho; eles não podem ser responsáveis por tudo o que acontece de ruim.

Duas explicações cabem aqui: A falta de educação talvez seja o fator mais forte na produção desses fenômenos animalescos. Outro seria a falta de percepção da alteridade. Não perceber que os outros existem e têm direitos produz comportamento indesejável.

Educação é toda a formação que o indivíduo recebe e que o faz agir pensada e responsavelmente. Além de mostrar o que é bom, a educação também desperta no indivíduo a sensibilidade. Quando nos deparamos com pessoa educada, fazemos nossos comentários bons. No caso contrário também os fazemos e nem sempre piedosos.

A percepção da alteridade faz-nos perceber que não estamos sozinhos no mundo e que o mundo é de todos, por isso o nosso direito termina onde começa o direito do outro. Isso faz com que a pessoa reflita e veja como ela é passageira e que o mundo não existe só para ela. Então se completa o ciclo da educação; a partir disso, a pessoa tem de elaborar seus pensamentos, sentimentos e controlar seus instintos.

Em qualquer situação, embora seja mais fácil destruir, temos de colocar em nossa cabeça que é melhor construir no respeito; é melhor dar o direito à vida para todos; é melhor limpar nossa mente e procurar no Evangelho o caminho certo do amor.

Construir é realizar a vocação de responsável pelo mundo e pelas pessoas; é sentir-se útil; é fazer o bem. Construir vai desde o recolher um papel no chão, até trabalhar nos mais arrojados projetos. Mas o mais desafiante projeto é construir-se como pessoa humana, digna e imagem de Deus.

13. Prepotência. Desejo de dominação?

Das forças que dominam ou pelo menos tentam dominar o mundo, a que mais machuca e humilha é a do poder. É impressionante como as pessoas são levadas a procurar o poder e a querer dominar os outros. Parece até que se trata de uma luta pela sobrevivência. Os poderosos matam, roubam, dominam. Mas também o mais simples empregado, se sobrar brecha, em pouco tempo está mandando, oprimindo os demais companheiros. Se observarmos as crianças, podemos perceber rápido os líderes, mas também vemos logo os "donos da bola". Até em casa, ninguém quer ficar rebaixado, quase sempre todos querem estar com a razão. E o que dizer daqueles que volta e meia nos interpelam: "Você sabe com quem está falando?"

Essa prepotência é típica do ignorante que se impõe pelo título ou pelo dinheiro ou pela posição social. Ele não é capaz de se fazer ouvir de uma outra forma mais inteligente, então apela para esse chavão que merecia uma resposta bem malcriada.

Essa vaidade e esse orgulho já foram condenados por Jesus ao se referir aos fariseus e doutores da Lei que se valiam de sua posição social e da Lei para se imporem ao povo.

Será que vamos demorar muito para entender o valor de cada pessoa humana?

Não negamos o mérito de quem construiu honestamente seu nome, sua autoridade e se tornou digno de respeito. Nem ensinamos o desrespeito à autoridade legitimamente constituída desde que ela seja digna.

É impressionante como a pessoa simples não tem valor; isso é fácil de verificar nas filas de atendimento nos órgãos públicos, mesmo sabendo que quem nos está atendendo não tem a mínima condição de o fazer, pois está ali por proteção e apadrinhamento. Bem se diz que "pobre não tem vez". Por outro lado, já falou Jesus a respeito dos ricos: "Já receberam sua recompensa".

Nessas alturas falar para um desses tipos de prepotentes sobre o mandamento do amor é perder tempo, porque ele não vê além de seu próprio nariz.

Se essa pessoa pudesse ver como ela é detestada no serviço, entre os pretensos amigos; perceber como ela é tolerada porque não há outro caminho; perceber como ela é ridícula.

Amanhã é certeza que, ao necessitarmos dos outros, essa arrogância acaba pela própria necessidade de sobrevivência. O que fazer com essa prepotência na velhice, na solidão, na doença?

Seria bom ler nos Evangelhos e se lembrar da festa do banquete onde os convidados não entraram, mas foram convidados os excluídos para ocuparem os lugares reservados. E o que diz a bênção final no casamento: "Abri vossas portas aos pobres e infelizes, que um dia vos receberão agradecidos na casa do Pai".

14. Já paguei todos os meus pecados

É muito comum pessoas falarem que não precisam se confessar, porque já pagaram todos os seus pecados. Isso devido aos muitos dissabores, contratempos, sofrimentos que tiveram de enfrentar.

Essa é uma fé na doutrina errada, que diz que temos de pagar aqui tudo o que fizemos de mal e até o último centavo. Sequer nos lembramos que Jesus veio para nos salvar e que existe um perdão que nos purifica aos olhos de Deus e nos renova em seu Espírito Santo.

Na verdade muitos sofrimentos são conseqüências lógicas daquilo que se plantou e não há como não acontecerem. Álcool e gasolina sempre vão pegar fogo. Uma vida cheia de erros terá como conseqüência normal outra série de erros e desacertos.

Outros erros revelam a incapacidade da pessoa de administrar bem a própria vida; mesmo esses vão provocar novos desajustes. Não vai aqui nenhum resgate ou pagamento pelo mal que fez.

Devemos sempre analisar nossos erros e prever as possíveis conseqüências que virão no futuro. Isso nos ajudará a enfrentar com mais serenidade o que vier a acontecer.

O caminho para a correção dos erros é o arrependimento. Um arrependimento que nasce da percepção do erro é um arrependimento sadio e sanante. Ele tem de nascer da consciência de que fomos muito mal e que podíamos fazer melhor o que fizemos. Nasce da visão do problema que causamos e da ciência de que falhamos ao não sermos generosos com Deus que nos dá a possibilidade e a graça para agirmos de maneira mais certa. É bem diferente de um arrependimento que não cura, pois nasce do medo, do castigo que pode acontecer ou que já está acontecendo.

O arrependimento sincero nos põe diante da misericórdia de Deus que, em Jesus, nos acolhe e sempre perdoa. Mesmo assim, com esse perdão, não significa que as conseqüências naturais e decorrentes do erro não vão acontecer. É como no acidente com colisão de veículos, há diálogo e perdão, mas o carro precisa de oficina e vai custar dinheiro.

Essa pessoa que acredita que sofrendo já pagou os pecados precisa sair desse conformismo e procurar um perdão renovador por meio de um arrependimento sincero, porque muitas vezes nem sofrendo se arrepende. O que transforma é a graça de Deus.

O comodismo faz com que as pessoas acabem assumindo os sofrimentos sem mudar nada e se autojustifiquem por meio deles, impedindo assim uma renovação interior que lhes dê a capacidade de ir e não errar mais.

É um mistério esse medo de ser transparente e de dizer: Errei, preciso mudar de vida.

15. Todos os maus pensamentos são maus?

Os pensamentos e desejos fazem parte de nossa condição humana. É impossível não pensar ou não desejar.

Quanto aos pensamentos e desejos maus, Cristo deixou claro que não só é ilícito um ato mau como o próprio desejo mau, mostrando que devemos procurar a pureza e integridade em nosso interior.

Na medida em que ganhamos em interiorização, a moral dos pensamentos maus se torna mais exigente. Por outro lado não podemos exagerar no processo de interiorização, preocupação exagerada com detalhes e distinção numérica dos maus pensamentos.

Quando tratamos de questões afetivas não é tão fácil cortar os maus pensamentos e desejos em um piscar de olhos, como se fossem atos externos.

Precisamos distinguir entre os verdadeiros desejos de se fazer algo mau, e que talvez não aconteça apenas pela falta de ocasião propícia, e os desejos meramente imaginativos que surgem espontaneamente no coração humano. Os desejos maus provocados nos levam a crer que quem os produz esteja mais para um tratamento clínico do que em estado mental capaz de gerar a maldade.

O ensinamento de Jesus: "Quem olhou com maldade já pecou em seu coração", mostra-nos bem que o pecado está na maldade que permitimos que se aninhe em nosso coração. Nem é preciso praticá-la. Mas fica claro que não se trata aqui de reações espontâneas para as quais não cabe censura. Jesus condenou a maldade.

O ser humano é uma unidade existencial, não cabe aqui ficar separando o interno do externo, o que vai qualificar um pensamento ou desejo como mau é exatamente a capacidade de querer o mal.

Ao procurar fazer com que a pessoa se liberte de uma doutrina extremamente moralizante, que produz bloqueios por meio de uma série de censuras e pressões, não temos o intento de facilitar a libertinagem. Procurar esclarecer e orientar não é favorecer desmandos.

Não só deve preocupar-nos extirpar a maldade entre os desejos e pensamentos que nos surgem, mas lembramos que também é bom nos impor a todo momento certa higiene mental, dentro do que Jesus falou: "Se teus olhos forem sujos, todo o teu corpo será sujo". No fundo se trata de um cuidado e vigilância sobre nossos sentidos sem cair na obsessão do que poderíamos chamar de "consciência doentia", que destrói a si mesma numa preocupação obsessiva em ver se consentiu ou não nos maus pensamentos.

Não somos anjos, mas pessoas de carne e osso, e assim como somos é que temos de colaborar na realização do plano de Deus.

16. O direito de especular a vida dos outros

A vida de cada pessoa faz parte do conjunto de sua intimidade, que não pode ser violada. Atrás de cada vida ou de cada ato existe uma pessoa com sua história, seus valores, suas razões e sua consciência; pessoa que tem sua dignidade e seus direitos.

Está claro que homem nenhum é uma ilha. E, vivendo em sociedade, nossos direitos vão até onde começam os direitos dos outros. Por isso, em se tratando de tudo o que implica um relacionamento, as pessoas têm o direito de perguntar sobre nossa vida, pelo menos para poderem entender-nos, ajudar-nos e se relacionarem conosco. Aqui tudo depende do grau de relacionamento que deve existir entre as pessoas. Ninguém vai abrir sua vida a um qualquer como mala de mascate.

Temos porém o direito de não sermos coagidos a falar sobre nossa vida, quando a nosso ver as pessoas não têm o direito de entrar em nossa privacidade, e falar ou não falar não vai acrescentar nada e pode até ser prejudicial para nós mesmos.

Nem sempre a falsa idéia de querer ser transparente constrói algo sadio. Temos de respeitar a individualidade nossa e a dos outros, sem com isso sermos problemas e criarmos barreiras para um relacionamento agradável e necessário.

Vêm bem a propósito aqui nossas confissões, em que encontramos padres que fazem questão de bisbilhotar nossa vida e arrancar pormenores que acabam fazendo desse momento algo traumatizante.

É certo que o sacerdote tem o direito de se esclarecer para poder formular um parecer e dar uma boa orientação, mas tudo tem o limite da própria consciência do penitente. A ninguém, sob nenhum pretexto, cabe o direito de violentar uma consciência tanto especulando demais, como emitindo julgamentos sobre o estado de pecado mais ou menos grave na pessoa. Ela é quem sabe. O sacerdote pode esclarecer, falar sobre os corretos valores, ajudar na formação da consciência.

Penso também que as pessoas deviam estar mais preparadas para suas confissões e dizer o que realmente é importante e de forma conveniente para não confundir o confessor e levá-lo a um mal-entendido.

Quem especula a vida dos outros, certamente podemos classificá-lo como doente. São pessoas que se julgam no direito ou que têm satisfação em saber o que não devem, e mais doentes são aquelas pessoas que têm a alegria em levar em frente esses pormenores da vida alheia e se passarem por bem informadas.

Não nos cabe o direito de excluir essas pessoas e afastá-las de nosso redor, mas fica bem claro o cuidado que se deve ter perto delas. O melhor caminho é o silêncio que ensina a falar apenas o que se deve e na hora certa.

17. Antipatia ou simpatia. Que fazer?

Pensar em um mundo ideal é voltar ao sossego descrito no livro do Gênesis (Gn 1 e 2), como uma situação de paz, harmonia e comunhão de todos e com tudo. Na verdade é uma projeção para o futuro essa descrição, mas que deve ir acontecendo já agora, embora não alcance ainda a plenitude.

No mundo em que vivemos hoje, encontramos pessoas com sentimentos ruins e com indicações claras de que são maldosas, mas quem somos nós para julgar. As aparências enganam. No entanto, sempre nos surpreendemos com as manifestações dos instintos, que, por mais que sejam trabalhados, independem do nosso querer.

Assim são nossas reações diante das cores, paisagens, situações, momentos da vida e de pessoas que encontramos. Não há duas reações iguais, porque as pessoas são diferentes.

Uma reação incontrolada é o caso da simpatia e antipatia.

Sentimentos instintivos de aversão ou de aceitação de alguém ou de coisas. Se são instintivas, não são resultados de um ato da vontade, de uma decisão benévola ou maldosa.

Há pessoas com as quais não nos damos bem e junto das quais também não nos sentimos bem e tranqüilos, ainda que não nos tenham feito nada de mal e às vezes nem sequer as tenhamos conhecido. E há aquelas com as quais nos damos bem e nos sentimos seguros perto delas. Aqui está bem caracterizado o ter simpatia ou antipatia por alguém.

Não negamos que haja pessoas antipáticas por maldade. São pessoas más que até premeditam o que vão fazer de mal. São pecadoras? É mais fácil dizer que são pessoas doentes ou mal-educadas.

O primeiro ponto que nos tranqüiliza é saber que não pecamos por ter esses sentimentos de antipatia.

Segundo ponto, por não ser pecado não significa que não tenhamos de trabalhar nossos sentimentos, tentando corrigir essa situação por meio de uma terapia pessoal.

Terceiro ponto, a antipatia não nos dá o direito de maltratar as pessoas. Podemos reduzir os encontros e até evitá-los, mas precisamos tratar bem essas pessoas por mais ou menos culpadas que sejam.

Um passo à frente é conseguir amar e dar maior atenção a essas pessoas, pois é a isso que o Evangelho pretende chegar.

Quem possui a Deus facilmente encontra o caminho do amor e vive qualquer situação com serenidade.

18. Em time que está ganhando não se mexe

Há pessoas que, por temperamento, não gostam de mudanças ou as detestam pelo transtorno que elas trazem. Por outro lado, há as que têm hábito de mudar: todo o mês têm de modificar alguma coisa nem que seja a posição dos móveis no quarto.

Outras vezes, ouvimos comentários de desaprovação diante das mudanças, principalmente quando tudo parece andar bem. Por que mexer?

De fato mudanças trazem transtornos, às vezes arrancam raízes e condenam a planta à morte. Mas há mudanças necessárias e outras que são benéficas.

Uma comunidade que permaneça com seu quadro de liderança inalterado por muitos anos, pode ser uma comunidade estagnada que vai morrendo aos poucos. Depois de um tempo as pessoas criam seu ritmo de ação e de vida e como todo o movimento iniciado tende a parar, elas também param e ficam apenas na manutenção.

Assim acontece com comunidades onde o padre permanece como coordenador por muitos anos e onde não há rodízio de serviços. Já vi comunidade onde um casal foi leitor em determinado horário de missa por 28 anos, e quando lhe foi solicitado que abrisse espaço para outros participarem, se afastaram da comunidade alegando que o padre os colocara para fora.

A comunidade precisa estar atenta na preparação de novos líderes para os diversos ministérios paroquiais. Deve estar atenta também para fazer o rodízio de pessoas nos serviços, evitando que os agentes se tornem donos do ministério ou da igreja. Já que essas pessoas não possuem o bom senso de darem o lugar para outros de tempo em tempo e de continuarem participando alegres, a comunidade tem de ter maturidade para colocar as coisas no lugar.

Queiramos ou não, temos de admitir mentalidades novas, mesmo não tendo a maturidade e a experiência dos antigos, podemos fazer também a comunidade crescer e deslanchar.

Há pessoas que, conforme pude observar, parece que se sentem valorizadas carregando um monte de chaves da comunidade. Outras parece que não sabem participar a não ser enfiadas num jaleco ou estando no presbitério.

Na comunidade todos são importantes, independente da função que exerçam. Mas às vezes penso que se o trabalho fosse por amor a Deus, certamente teríamos um grande número de catequistas. Mas aqui isso não acontece, porque nesse ministério a pessoa não aparece e não dá ibope.

Como diria Jesus hoje? "Ai de vós, hipócritas, que transformais a casa de Deus numa passarela da glória". Ou preferiríamos as expressões de Paulo: "Tudo o que fizerdes por palavra ou ações, fazei-o em nome de Jesus para a glória de Deus Pai".

Deus

19. Por que são tantos os que não crêem?

Acreditamos em muitas coisas que nem sequer podemos constatar e achamos razoável acreditar nas palavras de algumas pessoas, no entanto encontramos dificuldades em acreditar na palavra de Deus.

A fé consiste em aceitar uma verdade não em virtude de sua demonstração, mas porque foi comunicada por Deus. Pelo simples fato de vir de Deus, ela já é objeto da fé, ainda que seja obscura e não evidente para nós.

Como não é evidente, a razão não é capaz de aceitá-la, precisa de um contato com a vontade e, mais que isso, a vontade só pode aceitá-la mediante a graça. Aqui estão os fatores que formam o mecanismo complexo da fé: razão, vontade e graça. A falta de um deles é problema.

Podemos então dizer que alguns não crêem porque não pensam; mesmo adultos não conseguem analisar no campo religioso. Outros pensam superficialmente, não meditam, vivem absorvidos pela preocupação do dia-a-dia ou tomados pela febre da vaidade, pelos falsos ídolos. São sempre ocupados demais.

Há os que não crêem por educação anti-religiosa recebida em casa ou através dos meios de comunicação, ambientes de estudos onde a prevenção contra a religião é grande e gratuita. Também podemos encontrar os que pretendem uma autonomia absoluta, uma auto-suficiência; vivem esquecidos de que precisam dos outros até para tomar água. Além desses há os traumatizados por problemas que encontraram na vida, gerados por pessoas da Igreja ou por situações para as quais não obtiveram respostas até hoje. São os desiludidos por escândalos que presenciaram ou por informações parciais e tendenciosas.

Mas há também os que não querem crer, porque crer traz conseqüências lógicas e envolventes na vida prática; então é melhor não crer. Dessa turma fazem parte os ambiciosos, os orgulhosos, os que pretendem uma falsa liberdade moral, os que querem viver dentro de uma ética própria que facilita e justifica seu modo de agir, os que não querem compromissos que não os beneficiem.

Muitos são os que não têm fé, porque não receberam ou receberam de forma imprecisa e deficiente a evangelização.

Certamente Deus dá o dom da fé a todos, mas ninguém pode dizer o momento certo em que Ele dá essa graça. O bom ladrão a recebeu no final da vida.

Pelo modo de ser de Deus e pelo desejo de salvar a todos revelado em Jesus, podemos crer que ninguém vai renegar até o fim essa graça. Cremos que, pelo menos no final, a vitória será da misericórdia de Deus, bom Pastor que busca a ovelha perdida, que espera o filho pródigo e que se alegra com o que estava perdido e foi encontrado (Lc 15).

A nós não compete dizer a Deus como Ele deve fazer, pois a justiça de Deus não é como a nossa justiça.

20. Deus para nós ou nós para Deus?

A pessoa humana é imprevisível. Ela se habitua a centralizar tudo em si e não se dá conta de seus limites, de seu tamanho em relação ao mundo onde vive. De fato as capacidades de pensar e de decidir trazem certo conceito de auto-suficiência que não permite ver além de si mesmas.

Só na experiência do quotidiano, em que o riso se mistura com a dor, o sucesso com o insucesso, e às vezes o peso dos desacertos é bem maior do que os acertos, é que podemos iniciar uma percepção de nossa real capacidade e limite. Assim mesmo, nos maiores sofrimentos há os que não conseguem refletir e se olhar, daí nasce a revolta. O problema é que, nessas revoltas, Deus é quem leva sempre a pior, porque acaba sendo o culpado de tudo.

Aquela frase imbecil que muitos falam — "não pedi para nascer" — merecia uma trovejada de Deus que o situasse de novo.

Diante dos problemas, começa a caminhada procurando soluções rápidas, fáceis e confortáveis. Querem um deus de prontidão para acudir nos momentos penosos e para quebrar todos os galhos que se foram criando no dia-a-dia.

Na religião acontece o mesmo. Deus tem de ficar "satisfeito" com aquilo que decidimos fazer e que achamos que seja suficiente fazer. Assim não se pergunta o que Deus quer que faça, mas simplesmente se resolve e se faz, Deus tem de ficar contente com isso.

Afinal, Deus está a nosso serviço ou nós estamos a serviço de Deus? Não há mais necessidade de procurar a vontade de Deus, procurar estar em sintonia com seu projeto criador. Então podemos dar qualquer coisa e Deus tem de dar-se por bem servido.

Quantas pessoas, na expressão de São Paulo, estão "correndo bem, mas fora do caminho"! Quantas pessoas estão fazendo de Deus um empregado seu e por isso mesmo quantas pessoas infelizes e fazendo os outros infelizes.

Precisamos alertar as pessoas que se situem no mundo e acordem para a realidade tendo uma maior percepção de si mesmas e descobrindo seu significado nessa imensidão, que é o mundo criado por Deus. Deus é Pai, mas não é empregado a serviço, vinte e quatro horas, para fazer a vontade desses infelizes que nem sequer sabem o que querem. Auto-suficiência é bom ter, mas também tem hora.

Espiritualidade

21. Espiritualidade, para quê?

Assusta-nos ver as exigências de Jesus com o moço rico que lhe perguntava sobre a vida eterna. Jesus aponta um caminho, onde não é suficiente a observância dos mandamentos, mas um caminho de ascese, que, por meio do desapego, leve as pessoas a procurar Deus sobre todas as coisas.

Muitas pessoas não saem da mediocridade na vida cristã achando que já fazem muito por intermédio de pequenas práticas religiosas.

Sem espiritualidade não se sustenta uma vida religiosa. Tem de se estabelecer em cada um o processo de busca da intimidade com Deus e uma consagração maior. Sem experimentar Deus, especialmente a experiência do amor abundante de Deus, que foi derramado sobre todos, é impossível chegar à santidade. Quem experimenta esse amor, certamente vai responder com amor. É a experiência do ser amado e do poder de amar.

A finalidade da espiritualidade é buscar meios para experimentar Deus e assim fundamentar firmemente sua fé e a opção fundamental pelo Evangelho. É a busca de qualquer meio que o faça sensível para perceber a presença de Deus em si e ao seu redor.

Um primeiro momento está na vida interior. É a capacidade de viajar dentro de si e encontrar-se consigo mesmo, sem temer o confronto, os conflitos, o silêncio. É possível para quem tem intimidade consigo, se conhece e aprecia sua totalidade. A pessoa é capaz de rezar.

Um segundo momento é a vida exterior, a capacidade de sair de si mesmo e de se relacionar com a realidade fora, percebendo os valores nos acontecimentos e pessoas. Capacidade de perceber os outros com suas riquezas e necessidades.

Um terceiro momento é a quebra do círculo fechado na vida interior e exterior para abrir espaço para Deus. Uma vigilância para captar a presença amorosa de Deus.

Esse caminho não se faz sem ascese, autocontrole, sacrifício, "o colocar em ordem". É o caminho da fé profunda, da pobreza, do desapego e a partida para o seguimento de Jesus sem exigências.

Por aqui se vê que quem se contenta em ser bom já está péssimo. A medida que regula o seguimento de Jesus é a radicalidade da própria expressão de Jesus: "Sede perfeitos como vosso Pai do Céu é perfeito".

Espiritualidade é vida de amor experimentado e respondido no dia-a-dia, tentando o caminho que Jesus deixou: "Se quiser me seguir... vai, vende tudo, dá aos pobres, vem e segue".

Na vida não basta ser bom, tem de ser como a águia que constantemente busca as alturas.

Igreja

22. Ecumenismo exige uniformidade?

Hoje uma das características da sociedade moderna é a desunião. Mesmo dentro das Igrejas existem conflitos em assuntos doutrinais, morais e pastorais. Parece ser difícil encontrar duas pessoas que creiam no mesmo Deus. Cada um conceitua diferente e tem sua teologia.

Embora Paulo fale da união da mente e de pensar (1Cor 1,10), percebemos que as pessoas são diferentes e o ser diferente não quer dizer que elas estejam erradas. Há tantos pontos de vista, maneira, profundidade de argumentação. Embora a verdade seja uma só, a abordagem e a própria compreensão podem ser diferentes.

Diante das dificuldades da Comunidade de Corinto, onde havia a tensão em ser de Cefas, de Paulo ou de outro, a orientação era a de "se manterem na unidade". Nada justifica grupos desunidos ou seitas quando se trata de imitar ou seguir Jesus. Tudo porém indica em Paulo (2Cor 13,9-11) que a unidade não queria dizer uniformidade. É importante a união de doutrina, porque há um só Deus, um só Pai e portanto uma só fé (Ef 4,1-6). Há necessidade de se manter a união na fé, ter padrões morais identificados com a Palavra de Deus.

Tudo isso não significa que todo o cristão deve ter o mesmo medo de pensar, de agir em cada momento de sua vida. Há muitas questões que envolvem decisões pessoais, a própria formação de consciência. Basta ver como Paulo dá espaço a decisões diferentes em vários assuntos (1Cor 8,4-13) como comer carne sacrificada, o celibato e casamento.

As decisões diferentes e os pontos de vista diversos não podem perturbar a caminhada da comunidade. Os músicos têm apenas sete notas musicais e no entanto há infinitas possibilidades de se criarem lindas melodias.

A chave que regula a unidade na diversidade é o amor. O amor de Deus e do próximo é o regulador de toda a relação dentro da comunidade e esse amor ensina a respeitar as decisões conscientes e diferentes das nossas que alguém possa ter dentro do respeito aos valores bíblicos.

É necessário harmonizar nossa consciência com o modo de pensar de Deus e a obediência (Tg 4,12) manterá a todos unidos. Respeito, amor sem proselitismo é o caminho para formar um só rebanho junto de um único pastor: Jesus.

23. Batismo no Espírito. Novo batismo?

Muitos se preocupam porque não foram batizados no Espírito. Na verdade falta esclarecimento para que saibam do que se trata esse batismo no Espírito.

O Evangelho de Marcos apresenta Jesus (1,8) como aquele que batiza no Espírito e no fogo. A mesma expressão aparece em Lucas (3,16) e nos Atos dos Apóstolos (1,4-5).

O batismo de Jesus (Mc 1,9-11), associado ao texto de Lucas (4,18-19), mostra a ação do Espírito Santo como símbolo da nova criação. O que se percebe nos textos bíblicos e também nos escritores sagrados dos primeiros séculos da Igreja é que esse "batismo no Espírito" se trata de uma infusão do Espírito Santo que transforma as pessoas em testemunhas vivas da Ressurreição e lhes dá força e iluminação (At 1,8).

Nas primeiras comunidades cristãs se entendia o batismo no Espírito como pertencente à celebração dos sacramentos da iniciação cristã: Batismo, Confirmação, Eucaristia.

Com o início da Renovação Carismática (1967), o grupo que fazia retiro renovou os votos do Batismo e Crisma e "receberam o Espírito Santo". A partir daí essa prática, transformada em Cursos e Experiências de Oração, foi trazendo uma renovação espiritual, um reavivamento da fé, uma manifestação dos dons do Espírito Santo e isso passou a ser chamado de "Batismo no Espírito".

Essa expressão pode ser ambígua e deixa as pessoas preocupadas. Na verdade não se trata de um novo batismo e nem é o batismo, sacramento da iniciação cristã.

É um sopro de vida num corpo adormecido. Um reavivamento da fé, do entusiasmo na pessoa atrofiada espiritualmente. Momento de decisão, de abertura, de abandono à ação do Espírito Santo. Uma experiência consciente.

Essa expressão "Batismo no Espírito" é usada também para dizer de uma segunda efusão do Espírito, posterior à conversão. Esse modo de dizer pode trazer alguma confusão, mas não se encontrou outra expressão que a substitua mantendo seu significado.

Tudo isso faz parte da riqueza que a comunidade pode nos oferecer. É dom da Igreja para todos, desde que a pessoa se abra, se converta e faça uma nova opção de vida. É a força do Espírito que nos faz testemunhas do Cristo ressuscitado, vivo e presente no meio de nós. Não é uma emoção forte, nem um arrebatamento momentâneo. É para quem se abriu à ação do Espírito e se converte para uma nova vida.

24. É lei. Eu tenho direito

Toda a pessoa devia ter consciência de que a liberdade é um dos maiores dons que recebeu de Deus. Não se renuncia à liberdade, não se deve perder ou trocar a liberdade por nada. É um dos dons que nos fazem semelhantes a Deus.

A lei é e será sempre um balizamento para se viver organizadamente em sociedade. A lei não existe para amarrar ou tirar a liberdade. O perigo é se tornar escravo da lei. Já vimos isso no tempo de Jesus e vemos hoje na situação dos pobres que não possuem meios para conseguir uma interpretação benigna da lei a seu favor. O que era para ser um instrumento de liberdade, acaba sendo instrumento de opressão.

Para algumas pessoas a existência da lei é um benefício, porque as defende e no caso de falha pode-se manipular a lei a seu favor. Podem defender seus direitos mesmo que isso custe a desgraça de outros, a exclusão social ou a miséria.

Para outras pessoas a lei escraviza. Escraviza aqueles que não têm capacidade de viver sem cumprir minuciosamente a lei. Escraviza os que falharam e não possuem meios para escapar da lei. Escraviza os que ficam com a letra da lei e não conseguem entender o espírito que a anima.

Hoje, vemos na sociedade códigos de leis e vemos também com que facilidade essas leis são manipuladas, interpretadas, o que gera a podridão e a falência da justiça. A partir daí a impunidade passeia livre e a justiça acaba existindo para uns poucos desafortunados.

O mesmo acontece dentro da Igreja com um mundo de leis que, muitas vezes, não levam em conta a pessoa, a cultura, o contexto social, geográfico e religioso. Como no tempo de Jesus, hoje temos também os fariseus modernos e doutores da lei transformados em guardiões da lei e únicos detentores da ortodoxia, verdadeiros poleiros do Espírito Santo. Coitado de quem cai nessas mãos e coitado do povo. De Jesus falaram: "Não te é lícito curar em dia de sábado" e Jesus os chamou a todos de "sepulcros caiados" cheios de vermes por dentro. A lei que não liberta não é de Deus.

Assim encontramos os que se prevalecem da lei sem se importar com a caridade, nem com a pessoa, nem com sua dignidade e o direito à vida feliz. Fazem cumprir a lei e se favorecem disso dizendo:

"É lei... eu tenho direito".

A lei fundamental para todos é essa. "Ouvistes o que foi dito aos antigos: olho por olho e dente por dente, Eu porém vos digo: Amai-vos uns aos outros como Eu vos amei".

25. Revelações e revelações. Em que acreditar?

Assistimos à exacerbação do entusiasmo popular pelo maravilhoso e prodigioso. O povo corre para os lugares onde acontecem essas visões e prodígios imaginários. Multiplicam-se as pretensas mensagens de Nossa Senhora, das sensatas até as mais descabidas.

Temos de distinguir entre a revelação e as revelações. A revelação, que traz o conteúdo do que devemos crer para que o reino de Deus se estabeleça, está completa com a morte do último dos apóstolos; foi confiada aos apóstolos e é guardada pelo magistério da Igreja. Tudo o que temos, além do Novo Testamento, é explicitação dessa revelação.

Aparecem contudo na vida da Igreja revelações privadas ou particulares. Elas têm um caráter secundário e acessório e se misturam com muitos elementos humanos.

Diante dessas revelações particulares, a Igreja fixa sua atenção nos bons frutos como critério de reconhecimento (Mt 7,16-18). E, mesmo que sejam aceitas pela Igreja, de acordo com Bento XIV, não é necessário que sejam aceitas mesmo dentro do critério de credibilidade e do grau de probabilidade. Mesmo favorável a algumas revelações particulares, não supõem a obrigação de se crer nelas.

Ninguém critica os movimentos de oração e penitência que surgem dessas revelações; criticamos a ingenuidade com que são aceitas e a ausência de uma análise que fundamente esses acontecimentos, sejam de grau mais elevado como visões de Jesus e

Maria, sejam nascidas de mensagens que uma pessoa (movida ou não pela graça) profere.

É claro que pessoas podem, movidas pelo Espírito, oferecer mensagens dignas de credibilidade, mas seria tão bom se essas pessoas se submetessem a um exame psicológico ou psiquiátrico para que tivéssemos mais tranqüilidade quanto ao que dizem.

Por outro lado, essas mensagens se revestem de conceitos tão nossos, que não são próprios de quem está na glória de Deus, onde "não haverá lágrimas" (liturgia da missa). Assim vemos mensagens que apresentam Nossa Senhora chorando, quando sabemos que com a morte cessa todo o sofrimento e que quem está com Deus na glória não sofre, não chora, não se entristece. Que dizer disso?

Esse modo humano de falar favorece o sentimentalismo religioso, falseia as coisas de Deus, distraindo as pessoas do essencial.

Falta coragem para dizer que nenhuma dessas revelações particulares salva; elas apenas podem ajudar as pessoas a reencontrarem o bom caminho, uma vez que Deus pode manifestar-se por qualquer meio. Por outro lado continua sendo um dado sociológico e psicológico que, quando o povo não tem mais em que confiar, aparecem sempre os "messianismos salvadores" que catalisam a desesperança do povo.

É preciso saber em que e por que crer.

26. É obrigado crer nas aparições de Lourdes e Fátima?

A ansiedade das pessoas em procurar um contato pessoal com Deus, de algo que toque o profundo de seu ser, é um fenômeno que mostra como a religião se veste com muita freqüência de uma roupagem abstrata que não satisfaz o desejo do povo. Não adianta admoestar para o perigo dessa sede sem medida pelo maravilhoso; é preciso descer um pouco ao nível do povo até mesmo na linguagem eclesiástica.

Para essa questão de aparições, as normas são antigas e se encontram no livro “De servorum Dei beatificatione et canonisatione!” do Papa Bento XIV, confirmadas pela Congregação dos Ritos (6/2/1875) e pela encíclica “Pascendi” de Pio X (8/9/1907): “A aprovação dada pela Igreja a uma revelação particular significa apenas uma permissão que se concede, após um exame minucioso, para fazer conhecida tal revelação para o benefício dos fiéis. Mesmo quando aprovadas pela Igreja, essas revelações não são objetos de ‘fé católica’, mas de acordo com a prudência, deve-se dar a elas um assentimento de fé humana. Nem por isso se deve desprezá-las”. Esse é mais ou menos o texto.

Já Pio X diz: “Nesta matéria a Igreja atua com muita cautela. E não permite que se divulguem essas mensagens em escritos públicos sem haver tomado todas as precauções pertinentes... E mesmo nesse caso não garante a veracidade do fato. Simplesmente se limita a não impedir de crer em coisas que se apóiem numa fé puramente humana”.

Essas declarações são bem claras e nos orientam bem. Quanto a Lourdes, parece tratar-se de coisa mais séria, pois as mensagens recolhidas estão em doze frases breves e simples, não sofreram alterações com o passar do tempo. Já sobre Fátima não há uma análise completa, pois os documentos não são de domínio público e é difícil distinguir a mensagem original e as explicações e revelações posteriores.

Em todos os casos de “aparições” é preciso usar de muita prudência, pois os fatos se apresentam de forma confusa e, em conseqüência do choque produzido por uma possível comunicação sobrenatural, as faculdades mentais, psíquicas e imaginativas do vidente se desencadeiam e ultrapassam a mensagem recebida. Não é fácil distinguir uma coisa da outra nessa hora.

Uma participação ativa na comunidade, seguindo suas orientações, é o caminho seguro para quem quer caminhar com tranqüilidade. Um esforço para deixar de lado todo o fanatismo e essa busca angustiante pelo maravilhoso e pelo imaginário ajudam bem a nos equilibrarmos em nossa fé.

Por outro lado, os que são alérgicos a esses fenômenos, além de conservarem sua liberdade de consciência, precisam respeitar a consciência dos outros. Aqui vale o velho ditado: "Prudência e caldo de galinha não fazem mal a ninguém".

27. Como os padres podem ser pastores?

Constantemente encontramos pessoas que não aceitam que sacerdotes tenham defeitos e limitações. Colaboram para firmar essa idéia certas revelações que pretendem colocar os sacerdotes fora da realidade de seres humanos.

Outros acham que seria uma presunção sacerdotes se transformarem em pastores de almas. Na verdade não se trata nem de serem pastores e nem de serem seres evangélicos, sem defeitos e sem limitações humanas.

O que especifica o sacerdócio católico é a vocação ou o chamado de origem divina, que convida alguém para colaborar com Deus na obra da salvação. Assim vemos como foram chamados os apóstolos, homens simples e carregados de defeitos, a quem Jesus confiou os segredos do Reino de Deus (Mc 4,11). Receberam o Espírito Santo e o mandato de pregadores do Reino (Mt 28,16-20).

Esse mesmo mandato tem valor para seus sucessores e para aqueles que cooperam com os bispos no ofício pastoral (At 20,28). Quanto a apascentar o rebanho de Deus é função que os padres receberam por intermédio da Igreja (1Pd 5,2). Exercem a função por chamado de Cristo que os habilitou pelo sacramento da ordem.

Pelo que vemos, os padres não assumem esse ofício por iniciativa própria, pois sabem que Cristo não lhes garantiu a imunidade de defeitos e erros, apenas prometeu sua assistência para que pudessem transmitir fielmente o Evangelho, que é a norma inspiradora para o pastoreio das almas.

Na verdade o que pode ficar sem resposta é a pergunta: por

que Jesus escolheu homens tão imperfeitos para um ministério tão sublime? Podemos até aventurar uma resposta dizendo que, por serem imperfeitos e cheios de defeitos, são capazes por própria experiência de compreender as fraquezas e misérias das pessoas.

Não podemos esquecer-nos do texto da carta aos Hebreus: "Todo sacerdote é tirado do meio do povo e devolvido ao povo para oferecer sacrifícios pelos seus pecados e pelo pecado do povo" (5,1-4).

Parece que tudo encontra seu lugar se não formos "nem tanto ao mar, nem tanto à terra". O equilíbrio é o caminho certo na convivência com os sacerdotes. Não os transformemos em anjos ao exigir que não tenham limitações; mas também não os tratemos com casca e tudo. O respeito faz bem para os dois lados e facilita o trabalho e a convivência, como também os conforta nos momentos difíceis. Afinal, nenhum deles escolheu esse ministério, simplesmente responderam ou estão respondendo a um chamado de Deus para se colocarem a serviço dos irmãos no ministério sacerdotal.

28. Ordenação sacerdotal de mulheres. É possível?

Há muitas perguntas sobre o assunto. Essa é uma questão que deveria estar em pauta nas discussões de hoje, diante da falta de sacerdotes e da função das mulheres na vida social.

Na oportunidade em que uma jovem alemã fez a Paulo VI uma petição para receber o sacramento da ordem, ela obteve uma resposta negativa e isso foi assunto de muitos jornais, inclusive o "Osservatore Romano", que numa série de artigos expôs razões de caráter tradicional que se opõem ao sacerdócio das mulheres.

Tivemos casos que não compete aqui discutir a validade na Igreja sueca e reformada, de origem calvinista, também na Igreja Anglicana. Casos que tiveram as mais diversas reações. Na Igreja católica não tivemos nenhum caso, porque não é essa a orientação.

Por outro lado, precisamos reconhecer que se trata de um problema real que exige estudo com maior profundidade. A maior parte dos argumentos apresentados para não aceitar a ordenação de mulheres está vinculada à condição própria das mulheres em épocas anteriores, e especialmente no fato de que não convinha que elas presidissem e ensinassem. Esses argumentos carecem de fundamentos, pois hoje as mulheres têm acesso a todas as funções que eram específicas dos homens. A única razão ainda válida é a que se baseia na tradição da vida da Igreja. E também a Igreja católica não julgou necessário lançar mão disso para mudar a tradição.

Pelo fato de não aceitar o sacerdócio das mulheres, isso não quer dizer e nem significa que elas devem ser excluídas ou que a Igreja as discrimine. Elas continuam sendo chamadas para as mais diversas funções na comunidade e as exercem com competência.

Houve, em tempos antigos, diaconisas que atendiam administrando a unção dos enfermos a mulheres doentes e trabalhavam como ministras da eucaristia levando comunhão. Tivemos também, no mundo greco-bizantino, as abadessas dos monastérios que podiam distribuir a comunhão. De modo que não seria de todo novidade termos num primeiro passo as diaconisas hoje. E daqui para se chegar ao sacerdócio hierárquico é mais outro passo. Falta mesmo mais estudo da questão e mais amadurecimento da idéia.

Respeitamos a caminhada da Igreja, que a meu ver, devia já rever a participação e exercício do ministério sacerdotal no caso dos sacerdotes casados e depois partir para um aproveitamento do potencial das mulheres nos ministérios. Em todo caso é melhor sonhar do que não dormir.

29. Por que há padres que ensinam diferente dos outros?

Há questões na coordenação pastoral que saltam aos olhos dos mais desprevenidos. Assim aparecem as surpresas no remanejamento de padres e párocos. Comunidades que tinham um sacerdote mais aberto recebem outro completamente diferente, trazendo confusão na cabeça dos fiéis e provocando afastamento de outros.

A unidade de ensinamento e de pensamento é o que mais devíamos desejar, bem como o modo de conduzir e agir nas comunidades, evitando que um destrua o que o outro fez.

Pertencemos ao mesmo Corpo Místico de Cristo, temos a mesma missão como sacerdotes e essa unidade de sentimentos e de ação já foi recomendada por Paulo (Rm 12,16; Fl 2,2). Devíamos ser solícitos em conservar a unidade (Ef 4,3) para chegarmos ao desejo de Cristo: que todos sejam um (Jo 17,21).

Aqui entra, no entanto, o problema da pessoa humana, de sua formação, das deformações vindas da família e do seminário, e o ponto de vista de cada um.

A diversidade de parecer e julgamento é uma prova da limitação que podia ou não podia ser superada por uma boa e razoável formação humano-cristã; são limites da faculdade humana, limites impostos por uma configuração genética ou limites não superados por uma boa formação e educação.

Há também a problemática da visão teológica e do modelo de Igreja segundo o qual o sacerdote foi formado, que lhe dá segurança ou produz o fechamento. Mas também há a falta de sensibilidade e de educação que devia levar o sacerdote a respeitar a opinião dos outros, de outro sacerdote e o trabalho por ele realizado, sentindo que a verdade sua não é a única verdade. Nenhuma escola teológica é detentora da verdade que possui a plenitude do Espírito Santo.

Aprendemos que a autoridade hierárquica é o princípio de unidade tanto para a doutrina como para a pastoral, mas o que pensar quando a mesma autoridade se fecha e não ouve ninguém e define a verdade e a pastoral segundo seus ditames? Não falamos de definições dogmáticas, onde não cabe discussão e não se define sem o consenso eclesial, mas do disciplinar, da pastoral, das diretrizes e exigências do momento.

Resta para a Comunidade ter a maturidade que o sacerdote não teve e nem sempre tem, para assistir com serenidade à derrubada de tudo ou quase tudo o que, a duras penas, se construiu. Acreditar que alguns mudem de mentalidade e se abram para pensar com a comunidade, às vezes, é querer demais.

Mais uma vez aqui vale o ditado: "Quando dois elefantes brigam, quem sofre é a grama".

30. Por que o celibato permanece?

A primeira impressão que nos traz a palavra celibato é a de renúncia. De fato não é um voto, mas um compromisso com a nossa Igreja. É muito mais uma consagração do que uma simples renúncia; é um amor maior.

A exigência da Igreja Romana de que os sacerdotes sejam célibes, não é uma prescrição absoluta do Evangelho, que não pode ser mudada. Nos primeiros tempos havia bispos e padres casados como hoje acontece com nossas Igrejas irmãs. Também não é condição essencial para o sacerdócio, mas foi sancionada pela Igreja como uma condição normal de vida dos sacerdotes. Na verdade, apesar do valor que isso traz, pode um dia, conforme a caminhada da Igreja, ser modificado.

O fato de não ter sido assim desde o começo também invalida as razões costumeiramente aduzidas a favor do celibato.

Hoje, o celibato é visto como uma participação permanente na oblação de Jesus, que continuamente se apresenta ao Pai. O sacerdote se consagra como oferta permanente ao Pai e como serviço, como dedicação total e exclusiva ao Povo de Deus.

Outra razão está no exercício de seu ministério. Para estar totalmente à disposição da comunidade que lhe foi confiada é que o sacerdote se consagra no celibato. O casado tem como função especial a família, o sacerdote tem como função a grande família que é o povo, pela qual consome sua vida.

Para um mundo secularizado se afogando no sensualismo, no

erotismo e nas preocupações materiais que levam ao esquecimento de Deus, o sacerdote celibatário testemunha de maneira especial a Deus e os valores verdadeiros do Reino.

Ele também se torna solidário com todos aqueles que, por imposição e situações adversas não se casam ou tiveram seu matrimônio destruído, vivem uma realidade diferente.

Todas as razões têm seu valor, mas algumas possuem um valor bem relativo. Somente com a expressão de uma vontade de assumir como Cristo a condição dos pobres e de se consagrar totalmente ao serviço dos irmãos, o celibato pode ter sua razão fundamental e seu valor.

Mesmo que a Igreja modifique essa exigência do celibato, ela nunca vai aboli-lo de vez. Ela pode abrir possibilidades de termos sacerdotes casados e já está na hora, mas vai sempre recomendar o celibato como caminho de uma maior eficiência e de um testemunho mais eficaz de uma consagração pelo Reino. Mas há um passo a ser dado primeiro, que é o aproveitamento e reintegração no ministério dos padres que se laicizaram e contraíram o matrimônio. Há um grande número deles que felizes voltariam a exercer seu sacerdócio nessa nova condição. Rezemos.

31. Não tenho tempo para evangelizar

Quantas pessoas preparadas encontramos na vida que recusam a graça de serem evangelizadoras com a desculpa de não terem tempo disponível para essa missão. A resposta para essas pessoas vem exatamente da parte daqueles que habitualmente são os mais ocupados e ainda acham tempo para se dedicarem à comunidade na catequese e nos diversos ministérios que desenvolvem em favor da própria comunidade.

Bem diz o ditado: “Quando precisar de alguém, não procure as pessoas desocupadas; são as mais inúteis”. Quanto mais tempo têm, menos encontram o que fazer. Nem sequer podemos acreditar na bondade dessas pessoas, porque a bondade é sempre o reflexo da presença de Deus e elas não o possuem. Se tivessem a experiência de Deus e tivessem a bondade que aparentam ter, elas se atirariam no trabalho para mostrar esse Deus e a alegria que dele nasce.

Foi essa experiência que levou os apóstolos e as primeiras comunidades a se dedicarem à evangelização mesmo a custo da própria vida. Encontrei em meus trabalhos missionários uma senhora que completou 60 anos como catequista. Como ficamos nós diante dessa senhora e diante de Deus? Que desculpa seria válida para o pouco que fizemos pela evangelização?

É difícil acreditar na fé das pessoas que não fazem nada pela comunidade, uma fé inoperante e sem significado.

Quantas vezes nos desanimamos dessa tarefa, porque semeamos em terras áridas, parte das sementes sempre caíra à beira da estrada, entre espinhos ou pedras. Temos, porém, de acreditar que algumas dessas sementes, o mínimo que seja, caíram ou cairão em terra boa e vão produzir frutos. Isso compensará todos os esforços feitos e todas as outras sementes que se perderam.

Não cabe o desânimo entre aqueles que pregam o Evangelho. Nem podemos conceber apóstolos cansados circulando no meio do povo. A fé experimentada na vida, onde se vive a mística do Evangelho, traz entusiasmo e dinamismo.

Enquanto admiramos pessoas idosas que falam com alegria de seus trabalhos apostólicos, quantos encontramos desanimados, desestimulados e quantos que são omissos e nunca evangelizaram.

Para uns a palavra de consolo: "Vinde, benditos". Para outros as expressões dirigidas para as Sete Igrejas no Apocalipse: "Tenho contra ti que deixaste o teu primeiro amor".

32. Por que condenar o aborto?

Fiquei surpreso com a afirmação de um menino de apenas dez anos de idade: "A Igreja não devia condenar o aborto". Parei um minuto estonteado pela certeza da afirmação que veio de onde não poderia vir e em seguida respondi antes de dar outras explicações: "De fato não devia condenar o aborto, assim você não teria nascido e já teria vazado pelo esgoto".

A falta de coragem dos pais de darem explicações corretas sobre a sexualidade e problemas afins, o velho e tradicional medo ou a santa ignorância produzem outras ignorâncias.

Diante da erotização da vida de hoje, os adolescentes e jovens vão produzindo fenômenos com conseqüências desastrosas que só trazem desilusão e sofrimentos.

Os poucos que se arriscam a falar, usam conceitos e chavões veiculados na televisão, onde se fala de tudo sem medir o alcance e sem prever o resultado. Nem pensar numa ética cristã. Não podemos assustar-nos que meninos nessa idade tenham na cabeça frases feitas fabricadas por conversas caseiras e nem podemos criticar que a primeira reação de adolescentes e jovens grávidas seja praticar o aborto.

"Não matar" continua verdade e mais verdade "não matar uma criança não culpada e indefesa". Nunca vai ser lícito, para se safar de uma situação pouco cômoda, que um inocente seja agredido e morto sem direito de defesa. A moral ensina que não se pode realizar uma ação intrinsecamente má e imoral para se conseguir algum bem.

Não se trata aqui de condenar as pessoas, mas o ato no qual alguém paga pela imaturidade, incoerência, libertinagem de outro alguém que se diz adulto.

Respeitadas todas as situações que realmente vão impedir um discernimento livre e uma atitude voluntária, onde ter filho, apesar de custar sacrifícios, seria perfeitamente viável, não condenamos quem está ou é colocado em situações sem saída, mas lembramos que erram todos os que obrigam, os que sugerem, os que pagam, os que levam e os que realizam um aborto.

A Igreja é mãe e não desampara, nem condena quem chegou a esse desespero; Deus perdoa e resgata a pessoa e sua dignidade colocando-a em condições de reconstruir sua vida.

Jamais a Igreja vai aceitar a irresponsabilidade e a leviandade daqueles que estimulam nossa juventude e adultos a terem uma vida libertina na qual não precisam assumir as conseqüências do que fazem.

A natureza violentada se encarrega de cobrar até o último centavo dessas pessoas. Mais para a frente a vida lhes apresentará o resultado da má semente que plantaram.

33. Por que não modernizar a Igreja?

Fica difícil discernir o que fazer, se o critério para a participação na vida da Igreja está à mercê de opiniões. Quantos são os que reclamam que as missas dominicais são desanimadas e mortas, mas há outros que reclamam do barulho dos conjuntos e bandas que pretendem movimentar a celebração; não podemos esquecer-nos também dos domingueiros que fazem da Igreja um supermercado da fé.

Se a Igreja católica preocupar-se em competir com outras Igrejas para atrair pessoas, ela corre o risco de imitar as demais, esquecendo-se de sua identidade e de sua profunda proposta de vida. Se a preocupação for transformar os encontros em "show" e em momentos de descontração, ela será apenas um lugar agradável e cai na onda da modernidade que não quer compromisso nem tem tempo para coisas mais profundas. Vamos repetir a rotina dos programas de TV que não sabem mais o que inventar para atrair o público. Nossa criatividade pode ser grande, mas tem seu limite.

E não se trata de ser agradável, mas de celebrar a Palavra ou fazer Eucaristia, de mostrar que há um projeto e uma proposta de vida retirados da Palavra e da práxis de Jesus. Tudo pode ter sua forma e seu revestimento. Se podemos apresentar a mensagem evangélica de forma mais agradável, por que não o fazer?

A riqueza dos momentos da Comunidade está na alegria de nos reunirmos criando a presença salvadora de Jesus em nosso meio, lembrando do que disse Jesus: "Onde dois ou três estiverem reunidos em meu nome, Eu estarei no meio deles".

Mais importantes que o lugar, são as pessoas e a consciência de ser Igreja, de ser comprometido pelo batismo testemunhando Jesus por meio de sua vivência e da comunidade. O que dizer de pessoas que deixam sua comunidade e procuram outras comunidades e templos só porque em seu bairro é tudo pobre e simples, lugar de gente humilde e sem acomodação? São incapazes de fazer comunhão com sua comunidade. Nem podemos falar daquelas que procuram outras comunidades porque na sua não podem fazer sucesso e se sentem desvalorizadas, uma vez que não encontraram espaços para se mostrarem.

Também é um desconforto perceber que as celebrações ficam por conta de alguns que não abrem espaços para outros. Elas evocam a imagem dos fariseus que andavam procurando louvores e faziam tudo para aparecer perante a comunidade. Não percebem que estão fechando a porta para os outros que também podem ter seu espaço.

Devemos modernizar a Igreja sem, contanto, desfigurá-la. Modernizar a Igreja significa modernizar a nós mesmos, procurando o que realmente é necessário e tem valor; buscar o profundo e não se contentar com exterioridades.

34. Nova Evangelização. Quando vai acontecer?

Nova Evangelização, essa aspiração nasceu do Papa João Paulo II. Ele propunha para a Igreja um esforço para evangelizar com novos métodos, novas formas de apresentação da doutrina e novo ardor missionário. A intenção era renovar a Igreja, mas nem sempre a intenção realiza alguma coisa. Continuamos a falar em Nova Evangelização.

Foram muitos os comentários que essa idéia despertou e foram pensadas ações evangelizadoras com nova metodologia, só que o efeito esperado não apareceu. Alguns acham que foram feitas muitas coisas. De fato a secularização andou mais depressa do que a Igreja. No papel aconteceram programações espetaculares, inclusive a programação de preparação para o Terceiro Milênio no Brasil. Mas o destino dos papéis são as gavetas das secretarias paroquiais, onde tudo cabe e permanece sepultado para sempre.

Na verdade enfrentamos um mundo secularizado, onde o Cristianismo passou por transformações importantes e o catolicismo deixou de ser a religião única; onde encontramos milhares de formas religiosas. Também é verdade que a secularização trouxe o indiferentismo religioso e o fruto podre do racionalismo que é o ateísmo.

Quando falamos de Nova Evangelização, novas formas e métodos, acreditamos que toda a teologia dogmática, moral e bíblica passaria por uma nova leitura e haveria limpeza na doutrina católica, deixando de lado conceitos medievais, teologias superadas, nova leitura dos dogmas e tudo seria apresentado numa linguagem moderna, condizente com os conceitos e vocabulário de hoje. Não foi isso que vimos com o lançamento do Catecismo, com a reforma do Direito Canônico, com os textos do Sínodo dos Leigos e da Vida Consagrada e com o silêncio imposto a teólogos e biblistas.

O resultado dessa contramarcha é a Igreja que temos hoje, preocupada se o povo reza juntamente com o sacerdote orações reservadas ao presidente da assembléia, preocupada em programar acontecimentos que não chegam ao povo. Nós que somos pastoralistas é que sentimos como está a formação do povo e como ele vê a Igreja. A Igreja precisa sair do escritório e sujar os pés na poeira da pobreza. Nunca a Igreja teve tão pouca voz e vez. E o povo cada vez mais distante da comunidade, enquanto outras Igrejas atraem porque oferecem soluções rápidas e eficientes para situações-limites e para as quais nossa Igreja não tem uma palavra.

Para se viver em paz numa paróquia nada como uma lista bem organizada de pecados que facilite as confissões, onde elas ainda existem; uma pastoral de manutenção sem inventar nada de novo. Ninguém vai chamar-nos a atenção, não sentimos angústia com os que não são atingidos ou se ausentam de nossas celebrações e estamos satisfeitos com uma boa parcela de fiéis conservadores e de movimentos autônomos ou não existentes em nossa paróquia. Esquecemos do que diz Paulo: "Como vão crer, se não há quem os ensine?"

35. A paróquia é uma organização superada?

Sem dúvida a paróquia nos anos passados recebeu muitas críticas, originadas da importância que se dava à territorialidade, da administração sacramental, da atenção em massa aos fiéis, da ausência de um programa centrado num processo evangelizador, do atendimento a poucos fiéis de modo personalizado.

Em muitas paróquias o sacerdote parece muito um funcionário que consome seu tempo em atender uma clientela amorfa (Instrumento de trabalho — CAM2 — Guatemala 2003, p. 53), com serviços religiosos que essa clientela pede e exige, sem pretender outra vinculação com a paróquia, principalmente por parte de movimentos religiosos. O resto do tempo é gasto em atender pequena porcentagem de fiéis, em organizar eventos para angariar fundos.

Diante da dificuldade do atendimento personalizado, impossível nos grandes aglomerados urbanos, que ultrapassam os limites artificiais da paróquia, muitos fiéis acabam por fechar-se ou passam a participar de outras paróquias onde recebem um cuidado pastoral mais adequado.

Mesmo com todas essas observações, a paróquia é o lugar mais importante da realização da pastoral da Igreja. Iniciada no século IV, ela é uma comunidade de fiéis constituída de modo estável, cujo cuidado pastoral, sob autoridade do bispo diocesano, é confiado a um pároco, como seu pastor particular (SC 42). Ela é a própria Igreja viva e se define a partir da comunidade e não do território nem do pároco. Não tem autonomia plena porque faz parte da Igreja diocesana, mas é comunidade de comunidades, que numa rede de pequenas comunidades, expressa sua fé, evangeliza e se dedica a um serviço de solidariedade.

A função da paróquia é a atenção pastoral e, como Igreja, ela acompanha as pessoas e famílias ao longo de sua vida, na educação e no crescimento na fé. É nela que a ação eclesial se realiza de forma completa, algo que não ocorre nos movimentos eclesiais ou em outros agrupamentos religiosos. A paróquia se organiza como comunidade dos que crêem; comunidade que evangeliza, celebra a fé e vive um serviço solidário para com os outros.

E também a paróquia é o lugar onde se articulam os movimentos, associações de serviço e espiritualidade numa pastoral de conjunto, respeitados os carismas de cada grupo.

Os defeitos encontrados em paróquias não bem estruturadas, dirigidas por sacerdotes que, com o perdão da palavra, cuspiram na cruz, não invalidam a instituição. Há muitas paróquias ativas, com sacerdotes zelosos, com excelente plano de pastoral e muitas pessoas comprometidas com o Evangelho. No ingente processo de urbanização e secularização e diante da falta de experiência da fé das pessoas, mesmo com a maior boa vontade.

36. Dízimo. Um problema ou uma solução?

Na Assembléia dos Bispos (CNBB) em 1974, ficou decidida a implantação do dízimo nas dioceses não como uma exortação, mas como uma meta a ser atingida. Era uma opção definitiva pelo dízimo em substituição às taxas cobradas nas paróquias, mas muito mais como uma forte conscientização sobre a responsabilidade de cada cristão na evangelização, no atendimento às urgências pastorais e sobre a necessidade de partilha dos bens como uma gratidão a Deus e ajuda aos irmãos.

Não era objetivo criar uma campanha para resolver problemas financeiros das paróquias, o que pode ser feito de outra forma, mas se visava um despertar do cristão para que percebesse que ele é a Igreja e que em suas mãos estão a obrigação e o direito de pregar o Evangelho, que não fica só em palavras, mas se desdobra em ações concretas em favor dos necessitados da comunidade. Seria uma expressão forte de comunidade.

Outra dimensão do dízimo são a gratidão e o testemunho da fé; uma demonstração do reconhecimento de que tudo vem de Deus. É a partilha que destrói o egoísmo, a ganância, devolve a alegria e coloca a pessoa na gratuidade do hoje e do amanhã.

Não se trata de pagamento, nem de donativo ou oferta; dízimo é a ação de graças pelo dom recebido e a participação na vida da comunidade, por isso não é taxa que se paga. Quando falamos do dízimo em sentido estrito, queremos falar em 10% do que se recebe ou se produz, mas ficou recomendada pelos bispos a restauração do dízimo livre, sem obrigação aritmética. Cada um decide segundo a generosidade de seu coração e da compreensão de ser Igreja e de seu papel nela, apesar de manter o nome de "dízimo".

O dízimo tem raízes no Antigo Testamento como suporte do culto no Templo e devolução a Deus de parte dos bens adquiridos. Historicamente o dízimo dos judeus não foi imposto aos cristãos, ficando apenas as exortações aos fiéis, sem com isso abolir a obrigação da caridade e da justiça. Algo semelhante, porém, sempre acontecia para a manutenção do culto e o sustento dos pobres.

A partir do século VI o dízimo já aparece como obrigação que acabou na fórmula que nós conhecemos no catecismo: "pagar o dízimo segundo o costume", e esse costume variou muito até chegarmos ao que temos nos dias de hoje.

Conforme olhamos, assim vemos, diz o provérbio. Para alguns isso é algo chato e há padres que se sentem constrangidos em falar em dízimo ou em outros meios de partilha e manutenção da evangelização. Há os que já perceberam que o dízimo é fonte de bênção e que a partilha enriquece; para esses falar em dízimo não é problema. Há os que usam a comunidade e acham que os outros têm obrigação de atendê-los.

37. Por que pagar missas, batizados e casamentos?

É muito deprimente essa visão de pagamento por uma celebração religiosa. Quem tem essa mentalidade mostra bem que é um dos que usam a comunidade em vez de participar de maneira normal na vida dessa comunidade.

As espórtulas, assim são chamadas essas taxas, eram remuneração ou um tipo de honorário da parte de quem foi beneficiado pelo exercício de um profissional liberal. Assim era no Direito Romano, uma vez que para os profissionais liberais não havia nada estipulado e seu trabalho não era objeto de salário.

De maneira análoga a Igreja aplicou isso à questão do culto, mas os bens espirituais nunca eram distribuídos em troca de pagamento ou salários. De início as ofertas eram voluntárias e eram levadas ao altar juntamente com o pão e o vinho no momento em que até hoje chamamos de ofertório. Mais tarde aparecem as ofertas em dinheiro. Essas ofertas eram destinadas ao culto e à vida de determinada igreja. Com o surgimento de missas particulares, essas ofertas acabavam ficando com o celebrante.

No século IX, essa ficou sendo uma prática comum, e mais tarde vai dar asas a muitas críticas, pois essas ofertas davam a aparência de verdadeira simonia.

Os teólogos da Igreja sempre justificaram essa prática das espórtulas mostrando que não se tratava de compra e venda de sacramento, mas de uma forma de sustentação do clero e do culto.

A Igreja poderia ter evitado esses problemas se tivesse mantido a prática do dízimo, onde não haveria apenas a oferta e sim a riqueza da gratidão e da partilha. Mas o entusiasmo do início fez com que pensassem curto. Veja os problemas da Igreja de Jerusalém nos Atos dos Apóstolos na questão da manutenção.

Para os desprevenidos e mal informados dizemos que ninguém paga sacramento. As pessoas pagam para alguém estar a seu serviço; para conservar os documentos em arquivos; para a manutenção do templo com seus enfeites, reparos, empregados, luz etc. E é muito pouco o que elas pagam para usarem a igreja, perto do que pagam para os fotógrafos, corais, mestre de cerimônias nos casamentos e nos batizados.

Todos os serviços devem ser taxados porque nem todos têm o bom senso e conseguem avaliar os custos de uma comunidade. Se houvesse mais bom senso, poderíamos deixar a critério de cada um, mas isso é insustentável. Outro dia um padre cobrou uma taxa menor num casamento por ser filha de um ministro da Eucaristia na comunidade, mas para surpresa sua ficou sabendo que pais e noivos foram para a Itália em viagem especial depois do casamento.

Na sociedade todos têm o direito de cobrar, menos a comunidade que tem de viver de esmola. O Evangelho lembra que o operário é digno de seu salário, não há do que reclamar. Já que não partilhamos nossos bens, quem quiser usar a comunidade, que pague.

38. Onde a Igreja errou?

Sempre temos medo de dizer que a Igreja, em sua parte humana, errou. O que nos perturba é pensar que ela é assistida pelo Espírito Santo, mas nos esquecemos que a Igreja se situa no tempo e tem sua face humana.

Hoje, diante do panorama sombrio da fragmentação do nosso universo religioso e de uma Igreja em situação de diáspora (K. Rahner) ou de um crepúsculo do Cristianismo e diante também da descristianização atual (R. Rémond), temos de pedir perdão pelos pesados erros cometidos ao longo dos tempos. É necessário um exame de consciência e importa também uma confissão pública dos fatos, pois não podemos negar a história. Ficamos inventando mil explicações que até parecem lógicas, quando é muito mais lógico dizer que erramos.

Seria essencial que a Igreja declarasse, sem negar o que produziu de positivo, os erros da Inquisição, o problema gerado na época pelos Estados Pontifícios, a violação de consciência, o apoio dado ao braço secular.

Que fazer com os frutos de 500 anos de evangelização da América Latina, em que se misturam mensagem de fraternidade com sangue derramado em uma pseudo-colonização feita em nome de Deus? (livro "Veias abertas da América Latina"). Não podemos lamentar hoje o tipo de Cristianismo que isso produziu e nem de sermos uma minoria eclesial em relação à população do país.

É duro evangelizar quando vemos que não temos mais a força de convocação que tínhamos antes. Mauriac diz que a "primeira comunhão das crianças é sinal oficial e reconhecido por todos de que a criança vai abandonar a Cristo e a Igreja".

Estamos diante de dois fenômenos: a religião desacreditada ou crise e declínio da fé.

O modelo de Igreja que leva a religião a radicalizar sua instituição com rigidez e racionalidade não leva a nada mais. Isso átrios fundamentalistas e pretensos ortodoxos. O mundo caminha numa direção e a Igreja na contramão, distante da cultura da pós-modernidade. Estamos em pleno Areópago, onde os gregos falaram para Paulo "... ouviremos você depois".

Nos tempos de hoje, temos de visualizar um catolicismo pluriforme com abertura para o mundo moderno, sem conflito e concorrência, mas que não chega mais em atraso com suas concepções e orientações éticas e morais. Caso contrário, é aceitar que tudo se desagregue e imploda.

Temos clareza sobre o subjetivismo religioso, a individualização criada na quebra das relações humanas, mas não podemos aceitar que a Igreja se recolha no silêncio da sacristia e se negue ao diálogo com o mundo moderno, já preconizado por Pio XII. Ainda que pessoas se reservem o direito de decidir independentemente, a Igreja "sem ruga e sem mancha, terá condições de se apresentar como uma nova opção e um caminho feliz para uma vida na experiência de Deus e de fraternidade.

O velho pecado contra o Espírito Santo, segundo a fórmula de Santo Agostinho (*compelle intrare:* force a entrar), não pode mais se repetir sob pretexto nenhum, impedindo uma opção livre e esclarecida.

Mandamentos

39. Mandamentos, para quê?

São Paulo nos diz que as leis existem por causa das transgressões. Isso equivale a dizer que se não houvesse transgressões o amor seria suficiente para organizar o relacionamento e a criação da nova sociedade, segundo o coração de Deus.

Se perdermos de vista o contexto de uma lei, vamos transformar-nos em executores da Lei, incidindo no que Jesus falou: "a letra mata, o espírito que a vivifica". Aí está um grande perigo da lei: cumprir a lei porque está escrito, porque a Igreja mandou, porque o padre falou, porque o código estabelece... No Antigo Testamento essa fidelidade à letra da Lei gerou a opressão dos poderes religiosos que o próprio Jesus condenou.

Hoje, na Igreja, vemos pessoas que só ficam satisfeitas se observarem as leis, sem distinguir, sem olhar o contexto das leis, sem formação de consciência. É o caso dos que "faltam à missa aos domingos". Para eles tudo é pecado grave; não se dão ao trabalho de analisar se houve ou não motivos justos ou impossibilidade física etc... para essa falta à missa.

Quem desliga "os Dez Mandamentos" da libertação da casa da escravidão do Egito e do clamor do povo, coloca-se numa posição onde não é possível enxergar o sentido verdadeiro da Lei de Deus (Carlos Mesters). Assim se corre o perigo de transformar os Dez Mandamentos em um catálogo de formas individuais e vai contra o que Deus tinha em mente ao promulgá-los. Essa foi a situação criada pelos doutores da Lei e fariseus, observantes da Lei e opressores do povo; essa também foi a situação que Jesus encontrou.

Placas de sinalização ajudam as pessoas a se localizarem e a seguirem na direção certa, mas essas placas não são o caminho. Assim a Lei, as leis; elas sinalizam, orientam a caminhada, mas a última palavra é da consciência do indivíduo, santuário que até Deus respeita.

É irritante essa atitude miúda daqueles que se preocupam com o cumprimento estrito da lei e só sossegam sua consciência com a prática cega da lei. São pessoas que deviam estudar um bom tratado de teologia moral e bíblica sobre a "formação da consciência" e mais alguns tratados que tornassem possíveis a convivência ou pelo menos a tolerância.

Como advertência final, voltamos às palavras de Jesus: "Ai de vós que filtrais um mosquito e engolis um camelo" ou "quem de vós se vosso boi caísse num poço em dia de sábado, não iria retirá-lo?"

40. O Decálogo é válido hoje?

Muitos apresentam o Decálogo como o Código da Aliança. O Código da Aliança começa no capítulo 19 do Êxodo e a tradição vinda da sinagoga aponta 613 mandamentos, dos quais 365 são proibições e 248 são prescrições, formando assim o Código da Aliança, a Constituição do povo hebreu.

O Decálogo é um momento desse Código; é conseqüência lógica da libertação do cativeiro do Egito; é o estatuto do homem livre segundo Deus. Ele regulamenta a reverência a Deus e o uso da liberdade humana nas relações com Deus e com o próximo.

A origem do Decálogo é muito antiga. Moisés foi educado nos círculos literários da corte do Faraó no Egito. Sem dúvida tomou contato com outras listas de mandamentos do antigo oriente e da tradição egípcia e babilônica.

Esse primeiro relato é a base da primeira aliança com Iahweh, cujo mediador foi Moisés e por ele foi elaborado pelo menos em seu núcleo legislativo.

Formam dois núcleos que relacionam a pessoa com Deus e com seu próximo. Hoje tem uma formulação diferente, fixada por Santo Agostinho na fórmula atual dos 10 mandamentos. É válido para hoje enquanto é assumido pelo Novo Testamento e incluído no novo mandamento: "Amai-vos uns aos outros".

Houve mudança na cláusula contratual, pois no Antigo Testamento Deus disse: "Você observa a minha Lei e Eu cuido de você". Já no Novo Testamento a cláusula é esta. "Você aceita Jesus e Ele o salvará". Para nós hoje fica claro o que Jesus acentuou, mostrando que a Lei não salva ninguém.

É preocupante a postura daqueles que se agarram à Lei e ao Antigo Testamento, sem querer aceitar que o Antigo Testamento foi assimilado, transformado e invalidado em partes pelo Novo Testamento. Hoje, o Antigo Testamento não deixa de ser um livro nacionalista e do povo judeu. Para nós, vale o fio condutor da mensagem inspirada por Deus. Deus é Pai, Fiel, Bondoso, que ama a todos apesar dos desencontros e erros da vida.

O desejo mais cobiçado de um fariseu era o de ser chamado "irrepreensível", pois quem desconhecesse a Lei devia ser considerado maldito. Daí se entende a oposição feita a Jesus que relativizou a Lei e a completou.

Os mandamentos hoje são explicitações do Novo Mandamento deixado por Jesus: "Amai-vos uns aos outros como Eu vos amei".

Eles levam o homem a uma procura de sua felicidade no respeito a Deus e no amor solidário a todos os irmãos.

41. Amar a Deus sobre todas as coisas

Essa fórmula resume o primeiro mandamento do Código do Sinai. É a exclusão de tudo; é a prioridade absoluta de Deus na vida humana e na construção da história. Só Deus é o Deus da vida.

Nada pode ocupar o lugar de Deus. A construção do mundo e da história, a pessoa humana a faz caminhando com Deus. Ele é o princípio, a força, a plenitude, a vida. Amar a Deus e reconhecer sua presença na história humana.

É vazia a vida de quem não consegue acreditar e vivenciar Deus; porque, ao se tornar centro de tudo e determinar os valores, a pessoa coloca em tudo seu próprio limite.

Na verdade sentimos que as pessoas não querem mais refletir; há o imediatismo do agora, onde tudo tem de ser resolvido rapidamente e aqui. Não há mais tempo para ficar meditando e procurando um relacionamento com Deus que, parece, se ausentou do mundo e da vida. Mais fácil e mais cômodo é dizer que Ele não existe.

Como faz falta poder relacionar-se ao contemplar a beleza e a complexidade do universo e da vida, encontrar-se com Deus, origem e princípio de tudo.

Mas não é só a apatia de quem não quer pensar, há também o orgulho humano que transforma a pessoa num pequeno deus. Faz do homem auto-suficiente que não consegue nem sequer perceber seu próprio limite.

A partir disso aparecem os deuses que comandam o mundo: a ganância, o poder, a riqueza, o prazer. Eles estão em primeiro lugar; a pessoa não quis um Deus único e acabou nos braços de muitos deuses.

E quando a visão é pequena, a pessoa só tem de debruçar-se sobre seu próprio limite e vai ter de se curvar diante dos ídolos que comandam a vida moderna.

O pior de todos não é o incapaz de pensar, o desinformado, o que não possui uma idéia feliz de Deus. O pior é aquele que simplesmente nega a Deus, pois a vida que leva não comporta crer num Deus que é Pai bondoso. Como justificar diante de sua consciência a vida que leva? É mais fácil desconhecer Deus. São Quixotes grotescos combatendo moinhos de vento. A sucessão implacável da história vai colocar essas pessoas em seus devidos lugares e reduzi-las ao seu tamanho normal.

O mundo hoje faz questão de organizar tudo sem contar que Deus exista, sem olhar valores, sem anotar a dignidade da pessoa humana, sem observar que, antes desses, muitos já vieram.

42. Não tomar seu santo Nome em vão

Assim como para nós humanos, o nome para Deus é importante. A identidade pessoal de Deus é expressa em seu nome, YHWH (Javé) expressa a grande santidade de Deus, revelação que se completa no Novo Testamento: "Deus é o amor" (1Jo 4,8-16).

Deus Pai não é um nome inventado pelos homens à maneira da genealogia humana, mas é a revelação do mistério amoroso da origem de tudo. Ele é ABBÁ, Pai querido e em sua infinitude não há limite no doar-se. Na sua força criativa e no seu ser Pai, Deus é sempre amor. Seu nome também é amor.

Respeitar o nome de Deus é respeitar a Santíssima Trindade. O nome de Deus não pode ser invocado por qualquer religião ou pessoa para justificar a violência; o respeito a Deus se faz por meio do respeito aos irmãos, imagens vivas desse Deus.

Na verdade o nome de Deus hoje é usado para justificar estruturas injustas e ideologias que criam e sustentam situações de pecado. Como é possível o mesmo Deus suscitar e justificar lutas fratricidas, destruições de pessoas e do mundo onde vivemos?

Só a ganância e o desrespeito à vida podem transformar esse mundo num verdadeiro vale de lágrimas.

Tomar o nome de Deus em vão é fugir da responsabilidade de construir um mundo solidário com lugar, voz e vez para todos. É a verdadeira idolatria de um deus que não existe, mas que justifica todos os desmandos e desencontros de uma sociedade e mundo dessacralizados.

Do sério com conseqüências tão graves, descemos para a irresponsabilidade de hoje, onde tantos se arvoram em profetas inspirados para falar "em nome de Deus". Como é fácil dizer "em nome de Deus — em nome de Jesus".

Mais abusados são os que promovem e fazem suas economias em nome de Deus e das coisas sagradas, imprimindo frases e camisetas e adesivos, a título de evangelização. Que contraste com a santidade de Deus, essas brincadeiras e beatices que descaracterizam e vulgarizam o que temos de mais sagrado e santo.

Mas quando falta a consciência do que se faz e falta profundidade da experiência de Deus, vulgarizar também é se promover "em nome do Senhor".

Na verdade a fé se mostra pelas obras que constroem fraternidade e elas saem do fundo de um coração sincero, desapegado e livre para amar. Não é aquele que diz: "Senhor, Senhor" — que entrará no reino dos céus.

Não pronunciarás o nome do Senhor, teu Deus, em vão" (Êx 20,7).

43. Guardar o Dia do Senhor

Hoje a grande procura das pessoas e da qual muito se fala diz respeito à "qualidade de vida". Infelizmente estamos recaindo no hedonismo, que coloca a procura sobre o comer, beber, vestir, passear, como se isso fizesse a felicidade.

Qualidade de vida supõe um trabalho constante no aperfeiçoamento da pessoa humana, uma busca de caminhos que possibilitem o desenvolvimento sustentável da pessoa e do universo. Supõe um bem-estar solidário, porque ninguém é feliz sozinho.

Há dois pecados que andam juntos: o excesso de atividade que desrespeita o direito da terra e da pessoa e o desvio de valores que leva a buscar a felicidade e a realização no ter e no prazer.

Isso é produto da miopia que envolve as pessoas levadas pela comparação com os outros e por uma falsa avaliação do que seja ser feliz. Já vi pessoas chorarem por ter perdido tudo, até filhos, dizendo que era melhor chorar em cima de um piano do que em cima de um fogão de lenha. Hoje não sei em cima do que choram.

O Dia do Senhor foi estabelecido para ensinar o homem a se respeitar e a respeitar os outros e a terra. É dia de descanso para todos. É dia de recordar agradecido a bênção da criação. É dia da comunidade, da festa fraterna.

Esse dia leva-nos a contemplar com ação de graças a criação. Daí nasce o culto a Deus. À medida que saímos de nós mesmos e percebemos a gratuidade de tudo, seremos agradecidos e solidários com todos os irmãos.

A qualidade de vida que buscamos é orientada pelo respeito à dignidade da pessoa, pela solidariedade com os irmãos e com o mundo. Nunca se produziu tanto e nunca se viu tanta gente sofrendo, passando fome, sem os direitos fundamentais à vida, enquanto outros esbanjam os bens adquiridos sob a desculpa de que têm direito de ser feliz.

Deus olha a humanidade e Jesus falou da preocupação em comer e vestir. Como ficaria bem recordar as palavras de Jesus: "Olhai as aves dos céus... o Pai cuida de todas elas... muito mais cuidará de vós..." Ninguém de nós modificou o ciclo das sementes, das horas e dos dias. Diante da imensidão do universo o homem é um grão de areia.

Guarda o Dia do Senhor no respeito ao próprio corpo e a todas as pessoas. Guarda o Dia do Senhor respeitando o universo que o acolhe. Guarda o Dia do Senhor na justiça distributiva dos bens conquistados que são todos, na justiça dos salários, na solidariedade que nos faz irmãos. Guarda o Dia do Senhor no encontro da comunidade para o grande louvor que, por meio de Cristo, nos leva ao Pai.

Lembra-te do dia do sábado para santificá-lo... é o sábado de Iahweh... Não farás nenhum trabalho nem tu, nem teu filho, nem tua filha, nem teu escravo, nem tua escrava, nem teu animal... Iahweh abençoou o dia de sábado"... (Êx 20,8).

44. Honrar pai e mãe

A família é a menor célula social que existe, mas a mais importante. Mais do que se tenta destruí-la hoje é impossível, no entanto ela continua sendo fundamental na criação, educação e formação da pessoa. Se não conseguirmos revitalizar a família, estaremos nos destruindo.

É na família que a vida gerada se desenvolve. Também é na família que se faz a experiência do amor, da qual dependerá o sentido de muitas vidas. Sem a experiência do amor e do carinho, estamos colocando na sociedade uma legião de desajustados.

Pai e mãe que geraram os filhos no amor e na responsabilidade são o equilíbrio da família. Sua autoridade fundada no amor oferece aos filhos o caminho de uma vida digna.

Família é o lugar da bênção de Deus e da solidariedade. Nela se aprende e se prepara para a vida. Sem amor e sem respeito, ninguém tem nada para dar na família. Nela os pais são sempre o retrato do Deus que os chamou para essa vocação. Por isso sem Deus, os pais têm nada ou muito pouca coisa para passar para os filhos.

Honrar pai e mãe é o caminho seguro do respeito aos valores da família e será o mínimo que se poderá exigir dos filhos. Os pais lhes deram a vida e condições para se desenvolverem até poderem assumir sua própria vida. A sólida experiência de uma vida no amor e no trabalho lhes dá o direito de conduzir sua família mostrando a ela o caminho e os valores que puderam experimentar.

Como deve ser difícil conduzir filhos rebeldes, revoltados, desajustados e incapacitados para enfrentar a vida. Quantas vezes dá vontade de dizer a eles: "a porta da casa é serventia da rua". Não assumem responsabilidades e ainda dizem aos pais que não pediram para nascer.

Os filhos podem, na maturidade, discordar dos pais, ter opiniões diferentes e podem até não fazer o que eles ordenam, mas não têm o direito de agredir, desrespeitar e dar tristeza aos pais.

Esse mandamento diz sobre a relação com a comunidade, que é também nossa família. Mas quando não se aprende em casa o respeito, dessa pessoa nada se pode esperar.

A Bíblia fala da bênção de Deus que recairá sobre os que

respeitam e cuidam dos pais. Honrar pai e mãe é dar a eles o reconhecimento de tantos anos de amor e carinho derramados sobre os filhos. E se os pais não foram felizes na formação da família, mesmo assim merecem atenção e carinho.

"Honra teu pai e tua mãe, para que se prolonguem os teus dias na terra que Iahweh teu Deus te dá" (Êx 20,12).

45. Não matar

De início é muito confuso esse mandamento, porque a Bíblia aqui diz para não matar e em outro lugar manda matar (Êx 21,12).

Esse problema continua até hoje. Em nome desse mandamento são presos os criminosos que matam, mas os grandes criminosos que matam milhares de pessoas continuam soltos e bem de vida. Em nome de valores cristãos aconteceram guerras e massacres de populações indefesas. Como entender isso?

Esse mandamento não é só para o indivíduo, mas para todo o povo. O próprio povo é obrigado a criar uma nova ordem em que não se mata mais como se matava no Egito. Ao falar disso se deve pensar no sistema e organização errados que levam a matar. Desde sempre a lei castiga os criminosos comuns e não o sistema. Lá no Egito a lei servia a morte e hoje também.

O quinto mandamento defende o direito que todos têm à vida. Um direito tão importante que quem não o respeitasse, devia morrer. A vida é um dom de Deus e desrespeitar a vida é desrespeitar o próprio Deus. E esse direito tem de aparecer em qualquer sistema ou organização.

Como todos os mandamentos, esse também é para educar o povo. Por isso não visa só a Lei, mas a formação para o respeito à vida. O povo de Israel teve dificuldade em executar a tarefa de formar seus filhos e hoje temos a mesma dificuldade em formar as pessoas nessa nova visão da vida.

Como educar hoje com tantos programas de televisão mostrando pormenores da violência e do crime? Como formar ao tomarmos contato com situações de opressão e corrupção praticadas por quem tem o dever de defender e promover a vida? Como não matar aqueles que negam o pão a quem tem fome e o direito à vida de milhares de pessoas?

Hoje, até chegamos a pensar que a violência seja o caminho para expurgar a própria violência. Assim vemos a frieza com que manipulam a vida não só nas ruas, mas nos laboratórios e hospitais, na competição pelo poder, no domínio das riquezas, nos porões da humanidade.

Estamos com a mente entorpecida a ponto de gastarmos tempo assistindo a filmes de violência e terror. Na verdade isso é ter uma mente doente. E como custa acreditarmos que somos nós que patrocinamos os filmes e sua divulgação. Como educar para uma nova sociedade? Nem o grito que desceu do monte das Bem-aventuranças está sendo ouvido hoje: "Bem-aventurados os que promovem a paz..."

Se o dilúvio foi uma primeira solução para pôr fim aos vícios, não podemos crer que o cataclismo de uma guerra consiga semear o amor que apague a maldade do mundo. Assim como o amor educa, a violência também forma e deforma.

Mais que cravadas nas tábuas da Lei, continuarão gravadas em cada coração as palavras de Iahweh: "Não matarás" (Êx 20,13).

46. Não matar é não destruir

A vida humana depende da vida do mundo. Em cada ser que morre, a humanidade morre um pouco também. A contaminação dos mananciais da vida, a destruição das fontes de energia vital destruirão a própria vida humana.

Aqueles que exploram a terra e suas riquezas procurando um desenvolvimento não-sustentável estão destruindo nossa terra e diminuindo nossos dias de vida.

É urgente hoje a educação no lar, na escola, na sociedade, que venha colocar a pessoa humana em seu devido lugar e mostre também seus limites. Faz muito bem à sociedade penalizar esses delinqüentes destruidores do meio ambiente com pesadas multas e com a obrigação de reconstruir a natureza lesada.

A partir do direito à vida e do direito de todos de desfrutar dos bens do mundo, descemos até àqueles que resistem a se educarem nas mínimas coisas. Voltamos a lhes dizer que "não matar" é colocar o lixo no lixo, é não poluir, é não destruir. Ao olharmos as enchentes nas grandes cidades, esquecemo-nos de olhar o lixo doméstico que roda com a água das fortes chuvas. Quanto tempo vamos demorar para entender essa mensagem da natureza?

Voltamos também aos que sempre negam o direito de as pessoas viverem em paz para lhes dizer que "não matar" e não difamar os outros é respeitar os vizinhos que são torturados pelo barulho que fazem na casa vizinha, é não sufocar os outros com as próprias implicâncias e desequilíbrios, é não viver agressivamente tirando dos outros a alegria de viver, é promover a vida humana dando a quem necessita o básico para viver com dignidade.

Como é feliz aquele que ao colocar a cabeça no travesseiro tem a certeza que "o sol não se pôs sobre sua ira" e que por um dia inteiro semeou o amor por onde andou.

Como é feliz aquele que cada dia examina seu coração para retirar dele todo o ódio, rancor e violência.

Como é feliz aquele que ao chamar a Deus de Pai tem a certeza de ouvir seu chamado. "Vinde, bendito de meu Pai para o Reino que vos está preparado...", porque multiplicastes os gestos de amor distribuindo seu pão, enxugando as lágrimas dos que sofrem, usando de misericórdia com quem errou e olhando o mundo e as pessoas com amor.

"Não matar" quer dizer: viva e ajude os outros a viverem com dignidade.

47. Não pecar contra a castidade...

Não é bem isso que a Bíblia diz sobre o sexto mandamento. No original se diz: "Não cometerás adultério" (Êx 20,14).

Como todos os mandamentos, esse também existe para ajudar o povo a sair "da escravidão e conquistar a plena liberdade".

Na organização da sociedade no Egito funcionava o sistema de pirâmide: o faraó abençoado pelos deuses e o povo embaixo. Esse sistema vigorava também na família, onde o homem era dono de tudo. A mulher era explorada e privada de seus direitos mais elementares e até de sua identidade. A sociedade era alimentada e sustentada por essas idéias.

Deus porém queria e quer uma mudança radical e total. Mudando a idéia, os relacionamentos entre as pessoas também se transformariam. Essa mudança tinha de atingir o mais íntimo da vida humana e da sociedade, que é o relacionamento homem e mulher que se completava no casamento. Esse é o caminho que aponta o sexto mandamento conforme está no livro do Êxodo. Isso é para o homem e para a mulher.

Jesus vai mais além quando diz: "Ouvistes o que foi dito: Não cometereis adultério! Eu porém vos digo: todo aquele que lançar um olhar de cobiça para uma mulher, já cometeu adultério com ela em seu coração" (Mt 5,27-28).

No Catecismo esse mandamento foi reduzido à prática da castidade, o esforço para respeitar o próprio corpo. Mas ele vai mais adiante apontando que se deve o respeito à imagem de Deus em cada pessoa. É um caminho de liberdade.

Somos levados a cultivar o ser humano com respeito, dando espaço para que se expresse com dignidade de pessoa e de filho de Deus. Esse mandamento não impede a descoberta da riqueza da sexualidade nas expressões mais carinhosas do amor. É uma pena que tudo virou pecado e se perdeu o senso que torna a pessoa capaz de distinguir onde exista maldade e onde exista amor sincero e verdadeiro.

Hoje, perturba nossa juventude a forma como os assuntos referentes à vida são tratados: sexo, afetividade e amor. Há um esforço desqualificado para banalizar as expressões de amor, que é na verdade o caminho mais curto para a manipulação das pessoas. Depois que os verdadeiros valores são destruídos, fica fácil para os meios de comunicação manipularem uma platéia, já deformada, que clama, à maneira dos pagãos romanos, por pão e circo. É pena que hoje as feras sejam pessoas humanas desavisadas e jogadas na arena dos palcos e auditórios para satisfazer paixões, curiosidades mórbidas e para manter no emprego produtores e animadores desses tipos de programação televisiva.

"Não cometerás adultério" (Êx 20,14) não é uma proibição, mas o caminho para se alcançar a verdadeira liberdade.

48. Não roubar. Como entender?

Hoje é tão difícil que pessoas se confessem sobre roubos que praticaram. Parece que roubar mudou de nome, pois sempre se justificam dos roubos dizendo: "Fiz um negocião..."

Na verdade os maiores roubos não são feitos por pobres, embora para esses sempre exista a condenação e a justiça não os economiza e não os perdoa.

O sistema dos faraós do Egito e dos reis de Canaã era baseado no roubo. Eles podiam tomar as terras, animais, pessoas etc... Era um direito reconhecido pela lei (1Sm 8,11-18). Essas atitudes não eram consideradas como roubo.

Ao sair do Egito, Deus, percebendo as conseqüências dessa prática e querendo que o povo fosse livre e construísse uma nova sociedade sem desigualdade e exclusão, decretou: "Não furtarás" (Êx 20,15). É norma nova não só para o indivíduo, mas para o povo. Uma norma sábia que orienta e chama a atenção para não se repetirem as injustiças que o antigo sistema trazia.

Essa norma devia gerar no povo a preocupação de evitar

todo o acúmulo de bens e a exploração dos outros. Os profetas vão combater duramente a desobediência a esse mandamento (Jr 22,17).

Jesus retoma essa norma e critica os doutores da Lei que exploram o povo (Mc 12,38ss), os fariseus que são amigos do dinheiro (Lc 16,14). Ela é a retomada do ideal da partilha e da destinação social dos bens como expressão do Reino.

Hoje, não sabemos o que Jesus diria se voltasse e tivesse contato com o noticiário de nosso país. Talvez dissesse o mesmo que Pe. Vieira disse em seu sermão sobre o verbo roubar: "Aqui se rouba em todos os tempos do verbo".

Para uma realidade onde a justiça está falida, a coisa mais fácil é estabelecer uma jurisprudência falaciosa. E nós vamos continuar assistindo às cenas em que os pobres cumprem pena e aqueles que estão em melhores condições de vida fazem belíssimas defesas de seus roubos monstruosos. A velha desculpa do "direito adquirido" é uma das formas mais sem-vergonhas de se apropriar daquilo que lhe adveio sem o menor esforço.

O que mais dói é que os benefícios sociais que podiam acontecer, nunca se realizam, por culpa e ganância de alguns que podem e sabem manipular as leis e fazem com que o roubo tenha toda a condição de legalidade.

Mas continua verdade a necessidade de formar a consciência das pessoas para que percebam que o que sobra em sua casa falta para muita gente que também tem o direito de uma vida digna.

"Não furtarás" (Êx 20,15) é uma forma de amar e de ser cidadão.

49. Não dirás falso testemunho

Para o povo de Israel esse mandamento tinha direção certa e clara. Diante da corrupção da justiça, o apodrecimento do sistema jurídico que puderam sentir no Egito, Deus apontou uma nova direção visando a construção de uma nova organização social e comunitária que possibilitasse a todos preservar seus direitos na justiça e que as pessoas fugissem da imitação do exemplo dado por um sistema corrupto e opressor dos pobres.

Deus queria que o amor e a preservação da verdade se tornassem a base do relacionamento entre as pessoas: "Não dirás falso testemunho contra teu próximo" (Êx 20,16).

Jesus veio radicalizar essa fórmula criativa de fraternidade, condenando o falso testemunho e pedindo honestidade que dispensasse o juramento (Mt 5,34-37). Ele condena a vida dos doutores da Lei e fariseus por sua falsidade e mentira que os tornaram incapazes de ouvir e perceber a verdade de Jesus (Jo 8,44-48).

Hoje a mentira e a falsidade já fazem parte de uma jurisprudência jubilada à base de interpretações das leis. E assim vemos condenado quem não tem o poder e o dinheiro para pagar pela liberdade, pagando o preço social pela desintegração da justiça.

Difamação é injustiça e fere a dignidade da pessoa humana e seus direitos fundamentais de viver em paz. Tem sua base na mentira, no falso testemunho, na desqualificação, no desprezo e na discriminação. Hoje não se pode mais crer em palavras oficiais. Esses crucifixos dependurados em nossos tribunais são uma verdadeira zombaria pelo que acontece a seus pés. Há muita gente boa, mas há situações deploráveis.

Disso tudo e da maldade plantada nos corações nascem as conversas e juízos que destroem pessoas, famílias e provocam perdas irreparáveis e discórdia na convivência. Como fazem mal as pessoas que têm o hábito de "falar mal dos outros" ou de "ciscar na vida alheia". Quanto mais pesados os erros, mais satisfação sentem em serem os primeiros a levá-los ao conhecimento do público. Essa é a pior lepra que já vi. Oxalá pudéssemos livrar-nos desses "faladores" baratos que não medem as conseqüências do que e de quem falam.

No rol das coisas indesejáveis e ruins entram a mentira, a

difamação, o preconceito, a falsidade, a hipocrisia. O respeito à dignidade humana pede não só a consideração pelo outro, mas a estima e o zelo pelo nome dos irmãos.

A exortação de Paulo aos Efésios (4,29) tem de ser fortemente lembrada e relembrada: "De vossa boca não saia nenhuma palavra má".

"Não dirás falso testemunho contra teu próximo" (Êx 20,16).

50. Não cobiçarás o que pertence ao próximo

Esse mandamento foi desdobrado em dois mandamentos: cobiçar a mulher do próximo e cobiçar a propriedade alheia. Precisamos entender bem o que diz a Bíblia para não termos de torcer o texto.

Esse mandamento combate a ganância e a cobiça. Os israelitas viram a ganância dos faraós no Egito e, como os reis de Canaã, foram imitando esse proceder. Os reis nunca prestaram conta ao povo e exploravam a população acumulando bens, mulheres. Salomão chega a ter mil mulheres (1Rs 11,3). Muitas mulheres eram frutos de casamentos políticos para conseguir maior influência e prestígio. Com essas práticas acabaram se desviando da Aliança com Deus.

A ganância gerada pelo sistema contaminava a todos; era a ganância de possuir, na inveja, na ambição. Por isso não adiantava proibir o roubo, tinha de atacar a raiz do mal, da opressão que era uma volta à escravidão. Precisava defender o direito dos pequenos e dar a eles o necessário para poderem viver.

Não se trata de uma proibição que defenda a propriedade dos grandes, mas de se criar uma consciência pura que respeite e dê o direito a todos sem distinção.

Jesus fala da justiça do Reino, do único necessário (Mt 6,33), da entrega confiante nas mãos do Pai mandando olhar as aves dos céus (Lc 12,22). Ele fala da vida sem preocupação e da fraternidade, condenando o acúmulo de bens (Lc 12,16-21).

Hoje, nossas mentes estão exacerbadas pelo consumismo e já desapareceu o desejo honesto de se ter o necessário para uma vida digna. Quem manda hoje é quem muito tem e as propagandas criam necessidades artificiais, não há mais o que satisfaça as pessoas. Desse modo, aumenta a distância entre ricos e pobres, que acaba levando as pessoas menos favorecidas, economicamente falando, a se apropriarem do que não lhes pertence.

Não podemos ficar apoiando-nos no simples prazer de ter, mas temos de descobrir o caminho da organização de uma nova ordem social, atrás da qual está uma rigorosa formação de consciência e a preservação da dignidade de toda a pessoa humana. Os mandamentos foram gerados dentro de um contexto e para ajudar, preservar e reconstruir a nova sociedade. Eles valem hoje na medida e na proporção em que se aplicam à sociedade moderna.

Podemos até dizer que são atuais em seu sentido primeiro, pois a sociedade hoje sofre do mesmo mal que as sociedades dos faraós e dos reis de Canaã.

Ainda hoje é preciso dizer: "Não cobiçarás a casa do teu próximo. Não cobiçarás a sua mulher, nem o seu servo, nem a sua serva, nem o seu boi, nem o seu jumento, nem coisa alguma que pertença a teu próximo" (Êx 20,17).

51. É impossível seguir os mandamentos

Alguns, diante de dificuldades, chegam a pensar que os mandamentos sejam feitos para seres de outro planeta, porque parecem estar fora das medidas humanas.

Na verdade não haveria necessidade de promulgar os mandamentos, porque todos eles estão gravados no coração humano fazendo parte de um conjunto das leis naturais, de tal forma que, não os observar, não seria normal. Quem algum dia vai dizer sim à manipulação de pessoas ou à violência? Não é porque a Bíblia no Antigo Testamento traz narrações de violência que um qualquer as desqualifique, que ficaria provado que os mandamentos não estejam cravados no coração e na natureza humana. Aquilo tinha e tem sua explicação e suas razões dentro do contexto.

Está certo que o ambiente externo que nos rodeia seja hostil e desumano, tornando quase impossível cumprir os mandamentos. É muito mais fácil entrar no jogo do mundo, onde tudo se justifica no agir dos outros, do que lutar por outros valores. Acredito mesmo que, na ausência de uma formação humano-cristã ou na massificação que destrói e apaga qualquer bom sentimento, seja esse o caminho ou a realidade que levam as pessoas a agirem sem pensar e superficialmente.

Contudo os mandamentos continuam sendo expressões do amor de Deus que dão sentido a nossa vida. Não podemos ser tolerantes onde o Evangelho não é tolerante. Não podemos reduzir a mensagem de Jesus a pílulas sem efeito sob o pretexto de nos adaptarmos à mentalidade moderna e às novas gerações. Estamos esquecendo-nos que os grandes ideais foram a força para as grandes realizações na humanidade. É melhor tentar passar um ideal que vale a pena, do que oferecer algo que favoreça um clima de frivolidade e desinteresse, mas que também não leve a nada.

Por mais que acreditemos que somos humanos, de carne e osso, e precisemos ter condescendência com todos, principalmente com os que erram, não nos compete reduzir o Evangelho ou os mandamentos a um coquetel de coisas que podem ou não acontecer, ficando tudo à mercê de critérios pessoais, onde cada um faz o que quer e como quer.

"Amar a Deus e amar o próximo" será sempre o resumo de toda a lei: gravada no coração humano e o ponto de partida e de encontro para o nascimento de uma nova humanidade.

52. A confissão tranqüiliza ou não?

Encontramos pessoas que vivem atormentadas por confissões que julgam malfeitas ou por dúvidas do perdão divino. O perdão de Deus não conhece limites. É sempre eficaz e seguro. Sua ação porém é sempre condicionada ao grau de fé e de contrição do penitente. Quanto aos efeitos sensíveis até a constituição psíquica da pessoa tem um papel relevante.

Uma confissão feita com reta intenção, humildade e arrependimento nos deixa seguros do perdão e da reconciliação com Deus. A dúvida não está no fato de Deus perdoar, mas na retidão e lealdade da confissão, do arrependimento verdadeiro e do bom propósito. O fato de alguém se embaraçar na declaração dos pecados e não se expressar com propriedade não é causa de duvidar do perdão. Havendo boa vontade, não há problema. Certamente se instituiu esse sacramento sem querer criar empecilhos para quem não tivesse a necessária instrução e delicadeza para se expressar com exatidão.

Cristo quis oferecer uma graça que traz alegria e consolo; por isso não há motivo para se aproximar da confissão com espírito atormentado. Se sobrarem dúvidas mais tarde de não ter declarado algum pecado grave, é importante e prudente que a pessoa se confesse, dada nova oportunidade; mas a repetição de confissão sem motivos especiais é desnecessária e não constitui um louvor a Deus. Serve somente para confundir mais e tirar a tranqüilidade das pessoas.

Muitos vivem uma vida cristã sem alegria e gastam suas energias psíquicas em lutar contra os escrúpulos, repetindo sem cessar suas confissões de pecados passados já confessados. Isso desgasta e não produz o entusiasmo e os frutos de uma vida de amor.

O mesmo se pode dizer das confissões gerais que são obrigatórias apenas quando alguém calou voluntária e intencionalmente algum pecado grave. Em ambos os casos a própria dúvida favorece ao penitente fazendo-o crer que já foi perdoado.

Quanto aos escrupulosos, o perdão sempre lhes é dado, mesmo em caso de omissão de um pecado grave, ficando apenas a necessidade de submetê-lo oportunamente ao confessor. Devem evitar as confissões freqüentes e cheias de repetições, embora isso às vezes seja recomendado a quem não tem tendência ao escrúpulo.

Ninguém quer oprimir pessoas com as confissões e sempre que alguém estiver e viver atormentado e cheio de ansiedade deve expor o caso a um sacerdote experiente que conheça a teologia e a psicologia. Normalmente os escrupulosos deviam ter um confessor fixo que já os conheça.

Confissão é caminho de libertação e não momento de se colocar uma lápide pesada sobre o penitente que vai viver, gemendo e angustiado, o resto da vida.

53. O cristianismo é um código anti-sexual?

De fato causa estranheza que alguns sacerdotes tenham reduzido obsessivamente toda a vida moral ao sexto mandamento, segundo a versão de Santo Agostinho. Houve um deslocamento do acento, deixando de salientar que os demais mandamentos também são importantes para a vida cristã. O melhor mesmo seria reduzir os mandamentos ao tamanho e sentido com que foram promulgados.

A sexualidade foi criada em nós como uma força benéfica a serviço da pessoa. Deus permite que a pessoa se expresse em sua totalidade e corporalmente o amor verdadeiro na entrega de seu ser e nas expressões de carinho e afeto. Assim devíamos entender a frase do Gênesis: "Não é bom que o homem fique só". A pessoa pode amar os outros, amar o mundo e desenvolver e expressar esse amor.

Com o acirramento das pregações, criaram-se um tabu e uma mentalidade de que a sexualidade é má. Essa feição de pecado fez com que a sexualidade fosse malvista e toda a sua expressão fosse revestida de maldade, o que, em vez de coibir os abusos, acabou por estimular e criar uma obsessão pelo sexo.

Hoje estamos tentando superar essa mentalidade, mas de tempo em tempo ainda aparecem os que com suas pregações ressuscitam essas antigas interpretações e espalham maldade por todos os lados, impedindo que o amor sincero possa encontrar suas expressões mais puras e belas, além de tudo, normais.

Ninguém nega que haja abusos e que haja uma erotização, um entorpecimento e mesmo deformação das consciências, mas não será falando mal e ameaçando com castigos e exorcismos que vamos superar a depravação. Temos de buscar uma correta visão das coisas, o verdadeiro sentido do amor e passar isso aos jovens para que desenvolvam uma correta sexualidade.

O cristianismo não pode ser um código anti-sexual, só porque alguns pregadores possuem uma visão maldosa de tudo. Ele contempla a pessoa toda em todas as suas manifestações e valores. Vai ocupar-se da formação humana em todas as suas dimensões. O cristianismo não possui a força dos meios de comunicação para passar sua orientação, que ajude a formar nossos jovens e crianças para uma vida sadia, mas acredita na força do Espírito que vivifica todas as coisas para continuar revisando seu modo de agir, o conteúdo de sua evangelização.

A bem da verdade, vamos dizer que os maiores problemas do mundo não estão no abuso do sexo apenas, mas na desigualdade social geradora da exclusão e da pobreza que, por sua vez, geram a violência, a fome e demais injustiças.

Acho interessante que alguns armam a bateria para combater o abuso do sexo e a erotização e não se importam com o que se passa na rua, no submundo das drogas, das misérias, do desemprego.

É melhor rever a tranqüilidade de Jesus diante da mulher.

Meio ambiente

54. Lixo no lixo. Uma exigência ética?

É impressionante a quantidade de lixo que uma família produz diariamente, e isso quase sem perceber. Ao lado disso, há o lixo que cada um produz com papéis de bala, palitos de sorvete, copos e garrafas descartáveis, papéis de embrulhos, sacos plásticos. Esse acúmulo de lixo é um problema para a gestão pública e tem um alto custo social pelo qual todos pagam.

Quando o noticiário traz o problema das enchentes, há um lado a que poucos dão atenção. Quanto lixo boiando nas enchentes e nos rios. E o lixo de cada um deixado displicentemente e mal-educadamente nas calçadas e ruas, que alguns garis gentilmente empurram para dentro dos captadores de água pluvial. É o lixo que sobrou da seleção de diversos catadores de papel empurrado nas margens dos córregos. São sofás velhos, fogões e cadeiras quebradas, que vão rolando rio abaixo. Se cada um fizesse um pouco, que bom seria.

Cada um pode pelo menos ter a preocupação de colocar o lixo no lixo. Pode ser pouco, mas a soma de todos os restos e descuidos ajuda a provocar os acidentes que sempre temos oportunidades de presenciar principalmente nas cidades grandes.

Quando ficamos como observadores, notamos como ainda estamos longe de uma cultura em que seja normal procurar um cesto de lixo para jogarmos fora os objetos usados. Quanto tempo vamos levar ainda para perceber que agredindo a natureza estamos agredindo a nós mesmos e que faz parte da cidadania ser limpo e manter a limpeza por onde passamos?

Cada vez mais notamos a importância dos garis que com dedicação nos dão o prazer de ter as cidades limpas, mas o grande incentivo que lhes podemos dar é nossa colaboração.

Não sentimos que é difícil colocar o lixo no lixo; o difícil é educar para adquirir esses hábitos de limpeza, o gosto de se sentir confortável ao encontrar ou ao deixar tudo limpo.

Parece que o externo é reflexo do interno. Como podemos valorizar uma pessoa desleixada externamente e como acreditar que internamente seja também diferente do que vemos?

Mais que tudo, lixo no lixo é uma questão ética. Traz benefícios para a coletividade, ajuda na preservação sadia do meio ambiente, evita acúmulo de lixo, diminuindo o custo social do trabalho de sua coleta.

Facilmente confundimos pobreza com falta de higiene e limpeza. Só que ambas não precisam andar juntas. Pode haver grande pobreza, mas as pessoas se educam e mantêm tudo limpo ao seu redor. Sujeira pode-se confundir com falta de educação, falta de cultura, falta de auto-estima e falta de racionalidade. Sujeira degrada as pessoas, pois as pessoas que se acostumaram a ser sujas emporcalham tudo por onde passam. Lixo no lixo é moral e não respeitar isso está na lista dos erros.

Práticas cristãs

55. Vamos parar de rezar o Rosário?

O Rosário hoje tem quatro terços, repassando em contemplação a vida de Jesus. Ficou desajeitado falar em "terços", mas isso é devido ao acréscimo dos *Mistérios da Luz*, feito pelo Papa João Paulo II.

Não é dogma de fé que se deva recitar o Rosário ou o terço e ninguém peca se não o fizer. Por outro lado não há por que levar ao extremo: "em vez de rezar o terço, vamos acostumar o povo a utilizar os textos sagrados".

Durante longos anos, a Igreja divulgou as devoções e exercícios de piedade. Sabemos que os graus de excelência das devoções são diversos e também não são necessários para a salvação.

Quando porém a Igreja aprova as devoções, embora seja apenas um convite, ela olha para a generosidade dos corações cristãos. Não as impõe como obrigação, mas as aconselha.

As devoções seguem suas épocas e são filhas de seu tempo, ainda que algumas atravessem séculos. Estão, também, relacionadas com os diversos temperamentos das pessoas. Alguns podem não gostar e é bom que elas se renovem, atravessem os tempos.

Nesse particular temos de compreender e não criticar as devoções, embora tenhamos de colocá-las em seus devidos lugares. Daí se conclui que quem não se sente atraído pela devoção ao Rosário não pode desprezar os que o recitam e encontram em sua recitação tesouros de graças, mesmo que tenha razões sérias para criticar ou procurar outras formas de devoção. Estamos afinal diante de uma oração simples e que pode ser recitada em qualquer ocasião.

A devoção ao Rosário tem fundamentação bíblica em seus atuais 20 mistérios. Eles fazem alusões diretas ao Evangelho, que é meditação em companhia de Nossa Senhora que os viveu junto do Cristo.

Se o contínuo repetir das Aves-Marias faz com que alguns se distraiam na meditação bíblica, o que o impede de procurar outro meio para rezar? Nenhuma devoção pode trazer a tarja da obrigação, elas se impõem por si mesmas pela atração que exercem, pelos benefícios que trazem e pelo valor que possuem.

Nesse campo das devoções precisamos ter lucidez para respeitar as que não nos agradam, mas também discernimento suficiente para não transformar em preceitos aquilo que é apenas uma mediação para nos aproximarmos da graça do Pai. O exagero sempre vai prejudicar.

É importante perceber o tempo e o contexto onde nascem certas devoções e o que as justificou. Fora de lugar e fora de hora elas podem prejudicar e perturbar a pastoral e as pessoas.

Vocação

56. O peso ou a graça de ser mãe

Quando vejo crianças brincando ou protegidas nos braços de uma mãe, me vem à lembrança o que dizia uma mulher no metrô em Roma, comentando com outra sobre os insultos de um filho mal-educado: "É melhor criar um cão, do que um filho".

Realmente ser mãe não é para qualquer pessoa, pois é um dom, uma graça, uma vocação. Quem não tem competência é melhor mesmo que gaste seu tempo e dinheiro entre animais irracionais. Não sou contra animais, mas sou contra a insensatez de quem os quer transformar em pessoas humanas. É ridículo ver atitudes em relação a animais que caberiam bem a qualquer criança e com mais proveito. Para essas pessoas, a maternidade não pode ser considerada apenas como um peso, mas como incapacidade.

A capacidade de ser mãe só existe num ser normal no qual foram desenvolvidas as capacidades de amar, de se doar, a sensibilidade que humaniza as pessoas e todas as relações humanas, o ser religioso que vive valores evangélicos do respeito à vida e à dignidade de toda a pessoa humana.

Ser mãe é graça, convite para gerar e repartir a vida, que é vida de Deus nas pessoas. E graça não cabe em qualquer lugar, nem em qualquer coração.

Ser mãe é uma vocação sublime, própria de quem ama a vida e é sumamente agradecida pela vida que recebeu de Deus. É abrir o coração para uma nova semente que germinará em seu seio, nova imagem de Deus, a quem ela ama profundamente.

Ninguém é obrigado a viver essa realidade divina da vida multiplicada com amor, do gesto criador de Deus, pois aqui a mãe sente o filho como sua própria carne e sua própria vida, expressão mais íntima de seu ser.

Bem falou o Evangelho: "Ninguém tem maior amor do que aquele que dá a vida pelos outros". A mãe vê sua própria vida prolongada na vida do filho. Ela se esquece, porque agora se tornou o santuário da vida.

Como nos prostituímos nos pensamentos e sentimentos. Como estamos corrompidos pela ignorância, pelo medo, pela insensatez, pelo egoísmo. Perdemos lentamente a capacidade de amar gratuitamente. Hoje criança é um peso social que impede a falsa liberdade. Jogamos com a vida, deixando prevalecer os interesses e a comunicação social que nos apresentam diariamente falsas mães, mães irresponsáveis, mães reprodutoras para as quais filhos são uma satisfação passageira, um peso, ou um brinquedo ou uma auto-afirmação. Melhor para eles seria não ter nascido.

Índice

Índice de temas